Zum

400. Geburtstag

des großen

Universalgelehrten

Wilhelm Ritz

Wilhelm Ritz

Athanasius Kircher
(1602 - 1680)
und seine Vaterstadt
Geisa/Rhön

Impressum:
Herausgeber: Rhönklub-Zweigverein Geisa e. V.
Layout und Druck: Druckerei Erb, Geisa
Umwelthinweis: Gedruckt auf chlor- und säurefreiem Papier
Titelbild (mit freundlicher Genehmigung des Stadtmuseums Ingolstadt):
Athanasius Kircher, Gemälde von Christoph Thomas Scheffler, nach 1732

ISBN 3-00-009320-6

Inhaltsverzeichnis

P. Athanasius Kirker Soc. J.

Vorwort

Im Jahre 1965 wurde eine Arbeitsgemeinschaft gegründet, die sich unter anderem mit der Geschichte des ehemaligen Geisaer Amtes befassen wollte. Eines der ersten Arbeitsergebnisse war ein Manuskript über Athanasius Kircher, den größten Sohn unserer Stadt. Als ich damals die Aufgabe übernahm, stand lediglich Quellenmaterial aus Bibliotheken und Archiven der DDR zur Verfügung. Eine Drucklegung war nicht vorgesehen. Die Arbeit diente dann aber als Vorlage für das kurzgefasste Kapitel „Große Söhne Geisas" in der 1967 trotz erheblicher Genehmigungsprobleme zum Druck gebrachten Festschrift „Geisa 1150 Jahre".

In der Folgezeit hat sich - wohl auch im Zuge einer neuen Bewertung Kirchers - der Umfang an entsprechender Literatur beträchtlich erhöht. Und vor allem nach der politischen Wende ist die Möglichkeit einer bedeutenden Erweiterung des Quellenstudiums gegeben. So bietet sich die Überarbeitung und Drucklegung des genannten Manuskripts geradezu an, und der 400. Geburtstag des großen Gelehrten soll hierzu der besondere Anlass sein. Athanasius Kircher hier allerdings kurzfristig in allen Facetten seiner ereignis- und arbeitsreichen Erdentage beschreiben und darüber hinaus auch noch die ungemein vielfältigen und unterschiedlichsten Einschätzungen durch Zeitgenossen und spätere Generationen berücksichtigen zu wollen, käme dem Versuch gleich, alle Berge der Rhön in einem Tag zu erwandern.

Aufgabe der vorliegenden Broschüre soll es sein, in allgemein verständlicher Form einen Überblick über die wichtigsten Stationen seines Lebens und - vor allem aus der Sicht von Fachexperten - über die Schwerpunkte seiner enzyklopädischen Forschungs- und Sammeltätigkeit zu geben. Auch sollen seine Beziehungen zur alten Heimat und die Wahrung des Andenkens an diese Ausnahmeerscheinung der Gelehrtenwelt des 17. Jahrhunderts besondere Berücksichtigung finden.

Wertvolle Informationen und Anregungen bei meinen Recherchen erhielt ich von:

Dr. Cornelia Baumgärtner (München), Prof. Dr. Horst Beinlich (Würzburg), Prof. Dr. Franz Daxecker (Innsbruck), Dr. Stefan Etzel (Frankfurt/Main), Dr. Michael Fehr (Hagen), Dr. Rita Haub (München), Dr. Olaf Hein (Wiesbaden), Altbürgermeister Rudolf Heller, Dr. Berthold Jäger (Fulda), Director Paul K. Lehnert (Houston), Ispettore Generale Eugenio Lo Sardo (Rom), Frau Angela Mayer-Deutsch (Berlin), Dr. Sonja Müller (Darmstadt), Herrn Peter Pannke (Berlin), Dr. Beatrix Schönewald (Ingolstadt), Dr. Gregor Stasch (Fulda) und Prof. Dr. Gerhard F. Strasser (Pennstate University). Des Weiteren gab es Unterstützung durch die Damen und Herren des Vorbereitungskomitees der Festwoche (Programm siehe Anhang) mit Bürgermeister Peter Günther, Frau Mathilde Hahn und Pfarrer Uwe Hahner, durch die Herren Manfred Dittmar, Alexander Henning und Heinz Kleber vom Museumsbeirat und durch Frau Ilka Ritz. Die Mitarbeiterinnen von der Redaktion der „Geisaer Zeitung", Frau Sylvia Möller und Frau Ursula Fischer, sorgten für die Druckvorbereitung.

Herr Dieter Möller (Bestensee) stellte eine ganze Reihe von Fotos, vor allem Bilddokumente von den Bemühungen seines Vaters Gustav und der Natur- und

Heimatfreunde des Kulturbundes, Ortsgruppe Geisa, zur Verfügung. Hellmuth Wagner fertigte zusätzliche Fotokopien an.

Für alle Hilfen sei herzlich gedankt. Besonderer Dank gilt auch der Werner Deschauer Stiftung, dem Landkreis und der Stadt Geisa für die finanzielle Unterstützung.

Den Jubiläumsveranstaltungen vom 2. - 5. Mai 2002 in Geisa wünsche ich guten Erfolg und dieser Schrift einen interessierten Leserkreis.

Geisa, im Mai 2002   Der Verfasser

1. *Athanasius Kircher - Stationen seines Lebens*

Vom 13. Jh. bis zum Ende des 16. Jh. war das auf einem langgestreckten Höhenrücken befestigte Geisa zu einer blühenden Stadt und zu einem bedeutenden Marktflecken geworden (1). Allerdings machte die stetig wachsende Volksmenge auch Veränderungen unabdingbar. Im Schutz der insgesamt etwa 1 km langen Stadtmauer war fast die gesamte Einwohnerschaft von 1425 Personen mit ihren Haustieren, Vorräten, zahlreichen kaufmännischen und gewerblichen Einrichtungen etc. untergebracht. Selbstversorgung mit Grundnahrungsmitteln war nicht in ausreichendem Umfang möglich. Die ganzjährigen Wochenmärkte beanspruchten eine große Aktionsfläche, und es gab erhebliche Wasserversorgungs- und vielerlei Entsorgungsprobleme. Immer mehr „Handwerksleuth" wollten sich in Geisa „niederthun". Durch Einquartierungen und Schutzsuchende aus dem Umland wurde die Situation zeitweise unerträglich. Gegen Ende des 16. Jh. wurden deshalb erste Durchbrüche durch die Stadtmauer veranlasst, und in den folgenden Jahren bzw. Jahrzehnten setzte eine rege Bautätigkeit im Außenbereich ein.

Während die materielle Seite des Lebens besonders von dem Existenzkampf im Überangebot an Handwerkerleistung geprägt war, wurde die geistige Seite vor allem durch die Konfessionswirren belastet. Letztere wurden umso bedrückender empfunden, als die hiesige Bevölkerung stark dem Althergebrachten verbunden blieb. In der aufgezeigten Situation beginnt der Lebensweg von Athanasius Kircher. Die verschiedenen Biografien (s. (2) bis (11)) beziehen sich im Wesentlichen auf seine eigene Lebensbeschreibung[1]. Gewisse Ungereimtheiten, die auf Übersetzungs- bzw. Übertragungsfehler oder auch auf undeutliche Erinnerungen, vor allem seine Kindheit betreffend, zurückzuführen sind, werden in den Anmerkungen am Ende dieses Kapitels in Verbindung mit weitergehenden Informationen näher erläutert.

Als der Amtsvogt zu Haselstein, Dr. Johann Kircher[2], wegen seiner Treue zum Fuldaer Fürstabt Balthasar von Dernbach[3] wie dieser seines Amtes enthoben wurde, zog er nach dem unweit gelegenen Städtchen Geisa im Amt Rockenstuhl. In einem kleinen Haus am Markt, südlich gegenüber dem Rathaus, gebar ihm seine Frau Anna[4] am 2. Mai 1602[5] als neuntes und letztes Kind[6] einen Knaben.

„ Da ich gerade am Festtage des hl. Athanasius[7] das Licht der Welt erblickt hatte, so wollte mein Vater, dass mir, als gute Vorbedeutung, der Name Athanasius beigelegt werde", schrieb Kircher in der oben genannten Selbstbiografie. Die heilige Taufe empfing er in der Geisaer Stadtpfarrkirche[8].

Während des Besuchs der Elementarschule in Geisa erhielt Athanasius Kircher vom Vater zusätzlichen Unterricht in Musik, in den Anfangsgründen der lateinischen Sprache, in Geografie und wahrscheinlich auch in Mathematik. Damit er „alle Studien nach gemeinsamer Methode betreiben könnte", schickte ihn der Vater 10-jährig in das Päpstliche Seminar[9], das Jesuitengymnasium, nach Fulda, eine Anstalt, die 1584 von Papst Gregor XIII. gestiftet worden war. Hier lernte er auch die griechische Sprache kennen und wurde zusätzlich von einem bestellten Rabbiner in Hebräisch unterrichtet. „Der Erfolg des letzteren Unterrichts kam mir in meinem ganzen Leben zugute", so

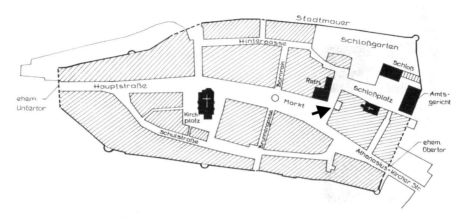

□ – an dieser Stelle stand das Haus der Fam. Kircher

In dem auch heute noch erkennbaren historischen Stadtkern befand sich Kirchers Geburtshaus

Am Standort des Geburtshauses, das dem Großbrand der Oberstadt 1858 zum Opfer fiel,
steht jetzt das Wohnhaus Nr. 31.

Geisas Altstadt im Jahre 1999.

Kircher. In der Lehranstalt in Fulda blieb er bis 1618. Dabei ist zu bemerken, dass das Seminar wegen der Pestgefahr[10] im Jahre 1613 mit seinen Zöglingen und Priestern vorübergehend in Geisa untergebracht wurde ((12), (13)). Volk und Stadtrat, insbesondere Amtmann Melchior von Dernbach, nahmen Lehrer und Schüler freudig auf.

Als Lehrer der unteren Klassen setzte P. Johann Altinek (bzw. Altinik oder Altinus) die Erziehung des jungen Athanasius im Sinne des Vaters fort, indem er den Schüler nicht nur zu eifrigem Streben nach wissenschaftlichen Kenntnissen, sondern auch zu Frömmigkeit und religiösen Übungen anhielt.

Kircher wollte dem Weltleben entsagen und wurde auf seine Bitte hin durch den Provinzial der rheinischen Ordensprovinz, P. Johannes Copper, für die Aufnahme in die Gesellschaft Jesu vorgesehen. So verließ er Fulda und wurde am 2. Oktober 1618 als Novize in die Jesuitenuniversität zu Paderborn aufgenommen. Auf das Noviziat folgten Kurse in Philosophie, Logik und Physik.

Im Jahre 1622 musste Kircher seine Studien abbrechen, da der 30-jährige Krieg auch Paderborn nicht verschonte. Das gesamte Kolleg floh vor der Grausamkeit des lutherischen Bischofs von Halberstadt, Christian von Braunschweig, der in allen Jesuiten Todfeinde sah. Dieser sogenannte „tolle Christian" hatte 1621 ein Heer angeworben und zog mordend und plündernd durch die westfälischen Bistümer.

Nach beschwerlicher Flucht durch verschneite Wälder gelangte Kircher über Münster mit einigen Gefährten zum Rhein bei Düsseldorf. Die dünne Eisdecke brach unter der Last seines Körpers, und wie durch ein Wunder konnte er dem sicheren Tod entgehen. (Dergleichen schwierige Situationen kehrten bei Kircher häufig wieder und bestärkten ihn in seinem Glauben an Gott und die Gottesmutter, s. (4) - (7). Es würde hier jedoch zu weit führen, dies alles in der vorliegenden Arbeit zu erwähnen.)

Als er, vor Kälte fast erstarrt, im Kolleg der Gesellschaft Jesu in Neuss eintraf, hatte man dort bereits seinen Tod gemeldet. Er erholte sich rasch und konnte 3 Tage später nach Köln weiterreisen. Dort beendete er seine philosophischen Studien und wurde von seinen Obern 1623 nach Koblenz geschickt, um entsprechend der Gepflogenheit des Ordens nochmals den humanistischen Studien zu obliegen. Nebenbei widmete sich Kircher der Mathematik und den Sprachen. Auf Geheiß der Obern musste er im Kolleg bald als Lehrer für griechische Sprache und Literatur tätig werden. So wurde Koblenz zur ersten Stätte seiner öffentlichen Wirksamkeit.

Es folgte 1623/24 eine Lehrtätigkeit als Informator für Grammatik am Jesuitengymnasium in Heiligenstadt. Neben der Erfüllung seiner Berufspflichten betrieb Kircher mit Eifer seine Weiterbildung in Mathematik, Physik und in verschiedenen Sprachen. Auch ließ er am südlichen Turm der Altstädter Pfarrkirche eine Sonnenuhr anbringen, die noch heute zu sehen ist.

Als Kircher 1624 für eine Gesandtschaft des Erzbischofs und Kurfürsten von Mainz „szenische Akte" aufführen musste und dazu optische Effekte, selbsterfundene mathematische Kuriositäten und Lobreden in fremden Sprachen darbot, wurde man auf den jungen Gelehrten aufmerksam. Er wurde zur Residenz nach Aschaffenburg berufen. Für Johannes Schweickhard, den Kurfürsten, führte er dort in dessen Musestunden unterhaltende Kunststückchen vor[11]. Nebenbei betraute man ihn mit verschiedenen kartographischen Arbeiten, z. B. mit Vermessungsarbeiten an der

Bis zum Jahre 1618 besuchte Athanasius Kircher das Päpstliche Seminar (Jesuitengymnasium) in Fulda. Das Bild zeigt einen Kupferstich von Johann Georg Seiller, Frankfurt/Main, 1684, in einer Ansicht von Osten. Jetzt befindet sich dort das Vonderau Museum.

Diese Sonnenuhr am Turm der Altstädter Pfarrkirche „St. Marien" in Heiligenstadt ließ Athanasius Kircher im Jahre 1624 anbringen.

Bergstraße bis Heidelberg. Mit dem Tod P. Provinzials wurde er von seinen Obern 1625 nach Mainz beordert, um dort das Studium der Theologie zu beginnen. Dieses Studium dauerte 4 Jahre. Am 7. März 1626 empfing Athanasius Kircher in Mainz die niederen Weihen und am 14. April 1629 (nicht 1628!) die Priesterweihe (172). In Speyer musste Kircher das in der Gesellschaft Jesu übliche 3. Probejahr ableisten. Durch Zufall stieß er dabei in der Hausbibliothek auf ein Buch, in welchem alle von Papst Sixtus V. in Rom aufgestellten Obelisken mit hieroglyphischen Figuren abgebildet waren. Von diesem Zeitpunkt an versuchte er sich an der Entzifferung der Hieroglyphen. An anderer Stelle wird darüber noch zu berichten sein.

Nach Beendigung des dritten Prüfungsjahres wurde Kircher 1629 an die Alma Julia in Würzburg berufen, um dort als Professor Mathematik, Moral-Philosophie, Hebräisch und Syrisch zu lehren. Die Möglichkeit, an der Universität praktische Anatomie zu betreiben, ließ er sich nicht entgehen (14). Überhaupt empfing Kircher in Würzburg Anregungen aus verschiedensten Wissensgebieten. Die Früchte wurden bald sichtbar. So konnte er 1631 sein erstes, aus einer Art Thesen bestehendes Werk, die „Ars magnesia sive conclusiones experimentales de effectibus magnetis" veröffentlichen. Leider wurde seine wissenschaftliche Tätigkeit bald unterbrochen: Im gleichen Jahre noch bekam er die Schrecken des 30-jährigen Krieges zum zweiten Male zu spüren. Von der allgemeinen Verwirrung des Kollegs und der Stadt Würzburg ergriffen, floh er vor den Schweden unter Zurücklassung aller seiner Schriften zuerst nach Mainz und von da nach Speyer.

Da in Deutschland ein großes Durcheinander herrschte, wurde Kircher von seinen Obern nach Frankreich geschickt, wo er in Lyon und vor allem in Avignon öffentlich und privat die gleichen Fächer wie in Würzburg lehrte. Die Freizeit verwendete er zum Studium der Mathematik und zu Entzifferungsversuchen an Hieroglyphen. Gelegentlich eines Auftrages zu einer topographischen Arbeit über die Provinz Narbonne kam der Gelehrte nach Aix. Durch einen glücklichen Zufall lernte er dort den Senator Nicolas Claude Fabri de Peiresc kennen. Dieser „Förderer aller Gelehrten Europas" überzeugte sich von Kirchers Kenntnissen in den orientalischen Sprachen, war besonders interessiert an dessen Deutungsversuchen zu den Hieroglyphen und schickte ihm nach Avignon „ganze Kisten" diesbezüglicher Bücher nach. Inzwischen hatte der Ordens-General der Jesuiten, P. Mutius Vitelleschi, beschlossen, den jungen Wissenschaftler als Hofmathematiker des Kaisers in der Nachfolge Keplers nach Wien zu beordern. Als Peiresc dies hörte, befürchtete er, dass Kircher für immer die Lust zur „Wiederherstellung der hieroglyphischen Wissenschaft" verlieren würde. Er setzte sich daher bei Kardinal Francesco Barberini für die Abberufung des jungen Gelehrten nach Rom ein und erreichte tatsächlich einen diesbezüglichen Befehl Papst Urbans VIII.. Kircher, der davon nichts wusste, war indessen schon unterwegs zu Kaiser Ferdinand II. nach Wien. Sein Weg führte ihn über Marseille und Genua. Nach langer, gefahrvoller Seereise (Schiffbruch) bis Civitavecchia, dem alten Centumcellae, und einem beschwerlichen Fußmarsch, sah er Anfang November 1633[1][2] zum ersten Mal die Ewige Stadt. Dort erfuhr er zu seinem Erstaunen, dass man ihn längst erwartet hatte.

In Rom wurde Kircher nach Weiterführung seiner hieroglyphischen Studien zum Professor der Mathematik, Physik und der orientalischen Sprachen am Collegium

Romanum ernannt. Doch musste er die Lehrtätigkeit an der Jesuitenuniversität nur bis zum Jahre 1645 ausüben. Danach lebte er ganz seiner vielseitigen wissenschaftlichen Arbeit, von der später noch ausführlicher berichtet wird. Sein Orden stellte ihm die Berichte der Jesuiten aus aller Welt zur Verfügung. Das Kolleg war außerdem mit ausgezeichneten chemischen und physikalischen Apparaten und mit umfangreichen Bibliotheksschätzen ausgestattet. So waren dem Gelehrten außergewöhnliche, ja vielleicht einmalige Möglichkeiten für seine wissenschaftliche Tätigkeit gegeben. Und er nutzte sie! Kircher wurde zu einer der markantesten Figuren seiner Zeit, zu einem der größten Polyhistoren aller Zeiten. Er betätigte sich als Lehrer, Denker, Forscher, Experimentator, Erfinder, Sammler, Schriftsteller und Illustrator auf praktisch allen damals geläufigen Wissensgebieten. In seiner literarischen Tätigkeit war er außerordentlich produktiv. Seine einzelnen, meist umfangreichen Werke erschienen in verblüffend schneller Folge und in erstrangiger Ausstattung. Ihr Druck wurde im Wesentlichen von Papst und Kaiser, aber auch durch Spenden zahlreicher anderer Persönlichkeiten, finanziert. „Wenn Athanasius Kircher eine Feder in die Hand nahm, floss ein Foliant aus derselben", zitiert HAUSCHILD (15) den Physiker und Schriftsteller G. C. Lichtenberg.

Kircher nennt selbst 1667 in einer Anlage zu „China illustrata ..." 33 bis zu diesem Zeitpunkt verfasste Werke. HAUSCHILD (15) und KOCH (9) geben seinen Nachlass mit 44 gedruckten Bänden[1][2] (meist Quartanten und Folianten) an. FLETCHER (16) befasste sich eingehend mit den Briefschaften. Der Hauptteil von Kirchers brieflichem Nachlass befindet sich danach in dem Archiv der Pontificia Universita Gregoriana in Rom, der Nachfolgerin des Collegium Romanum als Universität. Die Dokumente sind in 14 dicke Folianten eingebunden und enthalten 148 Briefentwürfe Kirchers und von 763 Korrespondenten 2143 an Kircher geschriebene Briefe. Außerdem sind bisher 251 Kircherbriefe in 27 anderen Archiven, in Bibliotheken und in seinen gedruckten Werken bekannt.

Eine umfangreiche Bibliografie ist u.a. bei DE BACKER (17) nachzulesen. Ein guter Überblick zur Chronologie der Werke Athanasius Kirchers ist in (10) gegeben (s. auch Anhang).

Dem rastlosen Fleiß des Gelehrten stand der Eifer des Geistlichen kaum nach. So hat Kircher zahlreiche Bekehrungen vorbereitet, z. B. die des deutschen Rechtsgelehrten Johann Theodor Sprenger und des Landgrafen Friedrich von Hessen. Auch ließ er den Wiederaufbau der Wallfahrtskirche von Mentorella durchführen, worüber in einem späteren Abschnitt noch ausführlich berichtet wird (s. auch (18)).

Seine Heimat hat Kircher - außer möglicherweise auf der Fahrt von Koblenz nach Heiligenstadt im Jahre 1623 - nie mehr gesehen.

Mit ziemlicher Sicherheit dürften ihm in Rom aber Landsleute begegnet sein. So weiß man von dem 1619 in Geisa geborenen Peter Philipp von Dernbach, Sohn des o. g. Amtmannes Melchior von Dernbach, dass er von 1645 - 1649 mit großem Erfolg im Collegium Germanicum (Deutschen Kolleg) in Rom war, bevor er 1672 zum Bischof von Bamberg und 1675 zum Fürstbischof von Würzburg gewählt wurde (19). Als interessierter und humorvoller Mensch (Beiname „Peter Lustig") dürfte er bald zu dem „Wundermann" Athanasius Kircher gefunden haben. Ein zweiter Geisaer war der Jugendliche Johann Caspar Heim. Er sollte ebenfalls zum Deutschen Kolleg, und

Die Vorderfront des Collegium Romanum
(Palazzo Collegio Romano)
an der Piazza del Collegio Romano
in Rom.

Dieses Portrait Kirchers wurde 1664 hergestellt
und erstmals in seinem Werk
„Mundus subterraneus" veröffentlicht.
Der Stecher verwendete dazu eine Vorlage von
Cornelius Bloemaert aus dem Jahre 1655 (!).

Kircher war bereit, ihn bei seiner Promotion zu unterstützen. Die Eltern wollten jedoch nicht in die Romreise ihres Sohnes einwilligen (13). Ob sie trotzdem erfolgte, ist unbekannt.

In den letzten Jahren seines schaffensreichen Lebens litt Kircher an verschiedenen Krankheiten, z. B. an Knochenmarksvereiterung, Problemen mit der Prostata und besonders an einem Nierenleiden, das ihm große Schmerzen bereitete. Er konnte nur noch seine geistlichen Übungen durchführen. Zu schriftlichen Arbeiten musste er sich fremder Hilfe bedienen. Am 20. Januar 1680 diktierte er seinen letzten Brief. Seinen nahen Tod erwartete er mit größter Ruhe und der ihm eigenen tiefgläubigen Art. Er zeigte, wie SENG schreibt, „dass Sterben ihm Gewinn sei".

Am 9. März 1680 meldete P. Ampringer: "Seit neun Monaten hat P. Athanasius Kircher das Bett nicht verlassen, sein Zustand gleicht dem der ersten Kindheit. Er ist vollständig taub ..." (10).

Am 27. November 1680 (nicht am 30. Oktober 1680!), in der gleichen Nacht nämlich, wie ein anderer Großer Roms, wie der Baumeister, Bildhauer und Maler Giovanni Lorenzo Bernini, starb Athanasius Kircher. Wo sein Körper beigesetzt wurde, in dem man „mehr als 30 Steinchen verschiedenen Gewichts" fand (7), ist unbekannt. Vermutlich ist die Grabstätte anonym im Bereich der Kirche Il Gesù angelegt, wo in der Regel die Jesuiten beerdigt wurden. HEIN (20) hält auch eine Beisetzung in der Krypta von Sant`Ignazio (am Collegium Romanum) für möglich. Kirchers Herz ruht seit dem Michaelstag 1683, so wie er es gewünscht hatte, vor dem Altar der Wallfahrtskapelle von Mentorella in den Prenestiner Bergen.

Anmerkungen zum 1. Kapitel

[1] Die Selbstbiografie des P. Athanasius Kircher wurde nach seinem Tod im römischen Kolleg gefunden und 1682 (Rom), 1683 (Neuhaus) und 1684 (Augsburg; herausgegeben vom Augsburger Kanonikus Hieronymus Ambrosius Langenmantel als Anhang zum „F a s c i c u l u s   e p i s t o l a r u m P. A t h a n a s i i   K i r c h e r i" mit dem Spezialtitel: „V i t a   a d m o d u m   r e v e r e n d i   P. A t h a n a s i i   K i r c h e r i   S.J. v i r i   t o t o   o r b e   c e l e b r a t i s s i m i", 78 S.) abgeschrieben bzw. gedruckt.

[2] Johann Kircher war ein vielseitig gebildeter Mann. Seine Herkunft ist nicht bekannt. Sicher ist, dass damals der Familienname Kircher in Großenbach, Haselstein und Molzbach häufig war, aber auch im ehemaligen Geisaer Amt gab es mehr als 10 Familien dieses Namens (21). ARND nennt Großenbach als Herkunftsort (151).

Johann Kircher studierte in Mainz Theologie und Philosophie, promovierte daselbst zum Dr. phil. und übernahm anschließend, obwohl es weltlich war, bei den Benediktinern der Abtei Seligenstadt eine Dozentenstelle für Theologie. Wegen seiner Gelehrsamkeit und seiner festen Bindung zum katholischen Glauben soll ihn der Fürstabt Balthasar von Dernbach nach Fulda gerufen und zum fürstäbtlichen Rat und zum Amtmann von Haselstein ernannt haben (vgl. (4), (5), (7)). Da Balthasar von Dernbach Mitte 1576 abgesetzt wurde, für 26 Jahre nicht in Funktion war und die Geschäfte verschiedenen Administratoren überlassen musste, ist diese Angabe mit Fragezeichen zu versehen. Fest steht dabei, dass Kircher in Haselstein lediglich Amtsvogt war. Dies ist nach JÄGER für die Jahre 1592 - 1599 beurkundet. In Geisa wurde er zunächst Schultheiß unter dem Amtmann Melchior von Dernbach, dem Bruder des Balthasar. Ab Ende 1601 widmete er sich nur noch der Pflege der Wissenschaft und der Erziehung seiner Kinder. Wohl boten ihm nach Athanasius Kircher (s. Selbstbiografie) die den „Neuerungen zugetanen" Fürsten verschiedene Ehrenämter an, doch er äußerte sich dazu, dass eine Unze Freiheit die zur Ausbildung des Geistes verwendet werde, mehr wert sei, als tausend fürstliche Ehrenämter. Insbesondere aus seinen theologischen, kirchengeschichtlichen und auch mathematischen Studien resultierten angeblich eine solche Menge von Manuskripten, dass man hätte eine ganze Bibliothek davon aufstellen können.

³⁾ Balthasar von Dernbach war Fürstabt von 1570-1576 und von 1602-1606. Wegen seines massiven Eintretens für die Gegenreformation wurde er 1576 abgesetzt und verbrachte die Jahre der Verbannung bis zu seiner Wiedereinsetzung im Wesentlichen auf Schloss Bieberstein bei Fulda. Sein Bruder Melchior von Dernbach war von 1584 bis etwa 1622 Amtmann der Ämter Rockenstuhl und Brückenau. Die Stadt Geisa hatte sich zum wirtschaftlichen und geistig-kulturellen Mittelpunkt des Amtes Rockenstuhl entwickelt.

⁴⁾ Anna Gansek (Athanasius Kircher schreibt „Gansekin") war die Tochter eines angesehenen Fuldaer Bürgers.

⁵⁾ Für Athanasius Kirchers Geburtsdatum gibt es in der Heimatpfarrei keinen Beleg. Das älteste Taufregister beginnt mit dem Jahre 1637. Kircher selbst gibt in seiner Autobiografie (s.o.) den 2. Mai 1602 an.
RICHTER (8) glaubt, dass sich Kircher seines Geburtsjahres offenbar selbst nicht mehr sicher war. Denn in der „B i b l i o t h e k a S c r i p t o r u m S o c i e t a t i s J e s u", die in Rom 1676 in neuer Bearbeitung durch den Jesuitenpater Nathanael Sotvell erschien, sei „der 2. Mai 1601 als sein Geburtstag angegeben sicher nicht ohne Fühlung mit ihm". Inzwischen hat man sich in der Kircherforschung auf das Jahr 1602 festgelegt.

⁶⁾ 2 Söhne starben vorzeitig, die anderen 4, Andreas, Joachim, Johannes und Athanasius, traten in verschiedene religiöse Orden ein und blieben ehelos, die 3 Töchter (darunter die Namen Eva und Agnes) verehelichten sich. Eva heiratete einen Hans Starck und Agnes schloss die Ehe mit einem Gerber namens Georg Hagen aus Vacha, der Kalvinist war.

⁷⁾ Patriarch von Alexandrien, bekannt durch seine Standhaftigkeit gegenüber den Arianern.

⁸⁾ RICHTER (8) weist nach, dass die Aussage von SENG (7), Athanasius Kircher sei in der Gangolfi-kapelle getauft worden, ein Übersetzungsfehler ist. Der entsprechende Originalbeleg (Brief Kirchers in 1664 an den Geisaer Pfarrer Konrad Witzel) ging vermutlich verloren. Abschriftlich findet man ihn in (151).

⁹⁾ Fürstabt Balthasar von Dernbach rief 1571 die Jesuiten nach Fulda, um mit ihrer Hilfe in seinem Hochstift die katholische Reform im Sinne des Konzils von Trient durchzusetzen (22). 1573 erfolgte die formelle Einrichtung des Jesuitenkollegs, und 1584 wurde durch Papst Gregor XIII. daselbst das Päpstliche Seminar gestiftet. Für die Aufnahme ins Seminar wurden ein Alter von 15 Jahren und Lateinkenntnisse verlangt (23). Das wirft hinsichtlich der Aussage, dass Kircher dort von 1612 - 1618 Schüler war, neue Fragen auf. Einleuchtender wäre die Überlegung, dass es 1613, als das Päpstliche Seminar kurzzeitig nach Geisa verlegt wurde, zur Kontaktaufnahme kam und der junge Athanasius dann in der Einrichtung verbleiben durfte. Im Übrigen war zu dieser Zeit der Fuldaer Historiker P. Christoph Brower Rektor des Kollegs. Unter den ca. 200 Zöglingen befanden sich damals auch die Gebrüder Christoph und Heinrich Luther, die aus derselben Familie stammten wie Martin Luther (13). Zuvor studierte dort der spätere Bekämpfer der Hexenprozesse und Sänger der Trutz - Nachtigall, Friedrich Spee von Langenfeld (1591 - 1635).
Dass Athanasius Kircher ein schwächlicher und minder begabter Schüler gewesen sein soll (5), ist wohl nicht so ernst zu nehmen.

¹⁰⁾ In Fulda starben zwischen 1611 und 1615 etwa 400 Einwohner an der Pest (13).

¹¹⁾ Seit dem 16. Jh. schätzte man einen sogenannten „Kurzweiligen Rat", der gewisse Ähnlichkeit mit dem königlichen Hofnarren hatte, im Gegensatz zu diesem jedoch nebenamtlich und von geistig hochstehenden Personen (z. B. Professoren) praktiziert wurde.
Kircher konnte den Kurfürsten vor allem durch sein Talent für Feuerwerke, durch den Bau optischer Apparaturen und durch mathematische Kunststücke beeindrucken.

¹²⁾ Die Ankunft Kirchers in Rom soll nach seiner eigenen Angabe (s. Selbstbiografie) im Jahr 1634 erfolgt sein. Es gibt hierzu unterschiedliche Auffassungen. Nach FLETCHER und RÖMER (10), s. auch HEIN (11), sei es Anfang November 1633 gewesen. LO SARDO dagegen nennt das Jahr 1635 (24). Die letztere Angabe widerspricht aber dem Datum des Briefes von Scheiner an Kircher (s. den Abschnitt 3.4. „Kircher als Astronom").

2. Der Gelehrte und die Kritik

> „Wie eine Welle die andere treibt, so umfluten beständig mich die gedrängten Wogen meiner verschiedenen Beschäftigungen, dass ich nicht weiß, wohin ich mich wenden soll".

Diese Worte, die Kircher 1662 in einem Brief an seinen Freund, den Arzt Lucas Schrök, richtete, charakterisieren so recht seine vielseitige Tätigkeit (4). Anregungen gab es in Fülle: In Rom blühte damals noch die Pflege der Künste, der Malerei (1000-1500 Maler allein in Rom; (18)) und der Musik (Carissimi, Abbatini, Valentini,Kapsberger; (25)). Man pflegte die Schönheit der Sprache (Pallavicini, Segneri; (6)) und die ernsteren Wissenschaften, wie Mathematik und Astronomie (Galilei, Grimaldi, Riccoli; (6)) etc. Mit dem großen Barock-Bildhauer Bernini pflegte Kircher eine enge Zusammenarbeit. Auch hatte er nach aller Herren Länder Verbindung zu den meisten bedeutenden Gelehrten und Fürsten seiner Zeit. Er war in Rom einer jener „geistigen Mittelpunkte, nach denen wissensdurstige Ausländer jahrzehntelang hinstrebten, und von denen sie Anregung und Beistand für ihre Studien erhielten" (18).

Und so schrieb Gottfried Wilhelm Leibniz nach einem Besuch 1670 an ihn:

> „Großer Mann! Warum denn soll ich Dir nicht privatim das Lob erteilen, das man Dir öffentlich spendet? Jedoch ist es jetzt nicht Zeit, in Lobeserhebungen abzuschweifen, die niemals aufhören werden ... Übrigens wünsche ich Dir, der du der Unsterblichkeit würdig, soweit sie dem Menschen zuteil werden kann, wie Dein Name es glückverkündend anzeigt, in kräftigem, jugendfrischem Alter die Unsterblichkeit" (4).

Auch Johann Wolfgang von Goethe fühlte sich augenzwinkernd zu den folgenden nachdenklichen Versen bewogen:

> „Je mehr man kennt, je mehr man weiß,
> Erkennt man, alles dreht im Kreis;
> Erst lehrt man jenes, lehrt man dies,
> Nun waltet aber ganz gewiß
> Im innern Erdenspatium
> Pyro-Hydrophylacium,
> Damit`s der Erden Oberfläche
> An Feu`r und Wasser nicht gebreche.
> Wo käme denn ein Ding sonst her,
> Wenn es nicht längst schon fertig wär?
> So ist denn, eh` man sich`s versah,
> Der Pater Kircher wieder da.
> Will mich jedoch des Worts nicht schämen:
> Wir tasten ewig an Problemen."

Kircher brachte es in seinem universellen Bildungsdrang zu außerordentlicher Gelehrsamkeit. Zuweilen aber war er mit ähnlichem Eifer auch an der Bewunderung durch seine Zeitgenossen interessiert. So kommt er in seiner

Selbstbiographie zu der selbstkritischen Einsicht:

„Aber leider ist bei meinen Studien meine gute Meinung nicht immer ganz fehlerlos gewesen. Ich habe manchmal, das richtige Ziel außer acht lassend, den Beifall, den mir die Menschen zollten und der Gott allein gebührte, einigermaßen auf mich selbst bezogen" (7).

Der Gelehrte war ehrgeizig bestrebt, auf allen Wissensgebieten in vorderster Linie mitzutun. Dass das nicht nur gut gehen konnte, ist ihm selbst klar geworden:

„Die Gegenstände, mit deren Studium mich Gott und der Gehorsam betrauten, waren mannigfaltig. Sie erforderten gründliche Forschung und waren einer solchen doch nicht zugänglich und überhaupt für meine Schultern, die ich eben keine Herkulesschultern nennen möchte, zu schwer" (7).

So verließ sich Kircher oft darauf, vom Schöpfer auf wunderbare Weise geleitet zu werden und brachte dadurch wissenschaftlichen Ernst und kühnste Phantastik zu heute seltsam anmutender Mischung. In seinen Werken häufte er sowohl Unmengen interessanter Fakten, als auch viele recht weitschweifige Ausführungen an. Stoff aus zahllosen genannten und ungenannten Quellen ist, der Wahrheit der Aussage und der Ehrlichkeit des Informanten gutmütig und auch gehorsam vertrauend, zuweilen ohne kritische Hinterfragung zusammengestellt, und strenge Sachlichkeit wechselt mit kühnsten Hypothesen, mit Sensationen und Extravaganzen des damals zeitgemäßen Wunder- und Aberglaubens.

Kircher schätzte Kuriositäten und Kunststückchen und machte sich ein besonderes Vergnügen daraus, die Neugierigen, die sein Arbeitszimmer betraten, zu foppen. Diese humoristische Seite rührt an seine Wurzeln als Kind seiner Vaterstadt Geisa. Dass sich besonders „witzige" Studenten und auch „Freunde" andererseits auf seine Kosten lustig machten, ist weniger auf diese Tatsache, als auf einen unvoreingenommenen wissenschaftlichen Eifer des Gelehrten, der im Grunde ehrlichen Charakters war, zurückzuführen. Bekannt wurden besonders die „Späße" mit fingierten Hieroglyphen (26), (27). Solcherlei Anekdötchen sind jedoch nicht immer ohne weiteres glaubwürdig.

Im Spiegel der Kritik schwand der Glanz, der die Ausnahmeerscheinung Kircher umgab. Schon zu Lebzeiten hatte sich Kircher stets mit seinen „Neidern", wie er diesen Personenkreis nannte, auseinander zu setzen. Über Jahrhunderte hinweg nahmen dann in der Sekundärliteratur solche Prädikate wie „leichtgläubig", „unzuverlässig", „verworren", „Mangel an kritischem Sinn", „von der Herrlichkeit eines ins Auge gefassten Gegenstandes befangen", „von zügelloser Phantasie und willkürlichster Geschäftigkeit", „nicht ohne zudringliche Anmaßung" (Letztere in (28)), in verschiedener Literatur über seine Person festen Bestand an. Die Krone setzte schließlich der namhafte Ägyptologe ERMAN auf, der in einer recht einseitigen Betrachtung Kircher als Scharlatan bezeichnet und ihn der stirnlosen Lüge bezichtigt (29). Weiter führt jener aus:

„Er (Kircher) besaß eine vielseitige Bildung und großen Eifer, aber nur oberflächliche Kenntnisse und keine Idee von Methode, er war ein fleißiger Arbeiter, aber ihm fehlten Treue und Gründlichkeit. Er war kein Forscher, dem es genügt, wenn die wenigen Sachverständigen seine Arbeit kennen. Was seine Natur brauchte, war die leere Bewunderung der sogenannten ‚weiteren

Kreise', und um die nicht einzubüßen, erlaubte er sich selbst Fälschungen !!"

So geriet Kircher in späterer Zeit mehr und mehr in Verruf und teilweise sogar in Vergessenheit. „Meyers Neues Lexikon" (30), ein DDR-Produkt, war wohl das erste in der Reihe der deutschen Universal-Nachschlagwerke, wie z. B. (2), (31), (32), das seine Lebensleistung keiner besonderen Erwähnung für würdig fand. Lediglich unter dem Stichwort „Laterna magica" wird der „Jesuitenpater Athanasius Kircher" als „Erfinder" genannt. Wollte man als DDR-Bürger in entsprechenden Nachkriegs-Editionen mehr über den Gelehrten erfahren, so musste man in Spezialliteratur oder in zugelassenen ausländischen Büchern, z. B. auch in der „Großen Sowjet-Enzyklopädie" (33), nachlesen. Im übrigen standen damals umfangreiche Bibliografien der Werke Kirchers nicht in deutscher, sondern in französischer Sprache (17), (34), (35) aus dem 19. Jh. zur Verfügung.

Gegenläufig zur genannten Tendenz fehlte es jedoch nicht an Versuchen, dem Gelehrten etwas mehr gerecht zu werden. So bemühten sich beispielsweise nach ROSENKRANZ (36), BEHLAU (4) und BRISCHAR (5) zu Ende des 19. Jh., im 20. Jh. bis in die fünfziger Jahre insbesondere SENG (7), RICHTER (8), STICKER (14), SAPPER (37), KAUL (38), KOCH (9) und HAUSCHILD (15) in Spezialarbeiten um eine objektivere, die Arbeitsbedingungen und Zeitumstände Kirchers be-rücksichtigende Darstellung. Als Beispiel sei den Betrachtungen von Prof. Dr. HAUSCHILD, seinerzeit Direktor des Instituts für Allgemeine Sprachwissenschaft und Indogermanisches Seminar der Universität Jena, aus dem Jahre 1955 hier besondere Beachtung geschenkt. Der Autor führt zu Kircher unter anderem aus:

> „Man hat diesen Mann immer nur vom Standpunkt der Einzeldisziplinen aus beurteilt und ist ihm darum nicht gerecht geworden. Es ist zuzugeben, dass Kircher von dem wissenschaftlichen Genauigkeitsideale unserer Tage oft weit entfernt gewesen ist, aber trotzdem erscheint es nicht angebracht, ihm den Vorwurf der ‚stirnlosen' Lüge und Fälschung zu machen und ihn nach MENKEN (26) einen Scharlatan zu heißen, wie es ERMAN (29) tatsächlich getan hat. Kircher muss gewiss als Kind seiner Epoche, des Barockzeitalters mit seiner ganzen Pomphaftigkeit und seiner Ruhmredigkeit, gewertet werden; aber er war auch ein tief gläubiger Mensch und Christ, der seinen Gott in allen seinen Schöpfungen und in allen Dingen suchte und zu verherrlichen sich bemühte ... Ich bin kein Bannerträger der Jesuiten, aber es scheint mir geradezu ein innerer Widerspruch zu sein, wenn man einen geistig so hoch stehenden und religiös so tief verankerten Menschen, wie Kircher es war, mit dem Makel des Lügners belastet und abtut."

So gewinnt das Bild des Mannes neue Qualität, den SAPPER als den "letzten großen Vertreter mittelalterlicher Gelehrsamkeit" bezeichnet. Seine Werke sind ein charakteristisches Spiegelbild jener Zeit. Man sollte bei einer Betrachtung der speziellen wissenschaftlichen Leistungen Kirchers nicht vergessen, dass damals eine rationale Wissenschaft noch weit in den Kinderschuhen steckte (Hexeverbrennungen waren an der Tagesordnung[1]) und dass der Gelehrte bei seinen wissenschaftlichen Arbeiten und Publikationen stets die Regeln seines Ordens und die Meinung der Obern[2] zu respektieren hatte. Bei seinem enzyklopädischen Wissen, seinen außerordentlich breit gefächerten Leistungen für Forschung und Lehre und seinem titanenhaften Fleiß sollte man gewisse Absurditäten, Kuriositäten, Übertreibungen und Verhaftung in alten Denkmodellen nicht überbewerten, sondern sie in die Zeit, in die Umstände stellen, in denen er lebte.

Ende der sechziger Jahre kam es zu einer förmlichen Renaissance des kühnen Denkers und Universalgelehrten Athanasius Kircher, die bis heute anhält. Plötzlich entdeckte man in seiner wissenschaftlichen Arbeit wieder durchaus Mitteilenswertes, ja Gedanken, die seiner Zeit weit vorauseilten. Wissenschaftler, wie z. B. Fred BRAUEN (New York), Franz DAXECKER (Innsbruck), John FLETCHER (Sydney), Joscelyn GODWIN (New York), Olaf HEIN (Wiesbaden), Wolfram KAISER (Halle/Saale), Werner KÜNZEL (Berlin), Paul K. LEHNERT (Houston), Thomas LEINKAUF (Berlin), Eugenio LO SARDO (Rom), Peter PANNKE (Berlin), Ulf SCHARLAU (Marburg), Daniel STOLZENBERG (Stanford University), Gerhard F. STRASSER (Pennsylvania State University) und viele andere befassten sich intensiv mit Kircher. Im Kapitel über die Einzeldisziplinen wird noch davon berichtet.

HEIN gründete 1968 eine sogenannte „Internationale Athanasius-Kircher-Forschungsgesellschaft". Zum 300. Todestag des Gelehrten fanden größere Veranstaltungen in Rastatt und Wolfenbüttel unter anderem mit einer ganzen Reihe ausgezeichneter Vorträge statt (10), (39). Auch der Rhönklub ehrte den großen Landsmann aus gleichem Anlass (40) und in seiner 18. Kulturtagung (41). Im Karl Ernst Osthaus Museum Hagen und parallel dazu im Museum of Jurassic Technology Los Angeles wurde vor wenigen Jahren ein kleines „Museum Kircherianum" eingerichtet.

„Un genio tedesco", ein deutsches Genie, nannte LO SARDO die Zentralfigur seiner großartigen Ausstellung „Il Museo del Mondo", die 2001 im Palazzo di Venezia in Rom zu sehen war und zu Teilen demnächst in Berlin gezeigt werden soll. Und schließlich widmete sich auch die Stanford University dem Polyhistor und „letzten Mann der Renaissance" in einem internationalen Symposium mit Ausstellung und dem Sammelwerk „The Great Art of Knowing - The Baroque Encyclopedia of Athanasius Kircher" (42).

Neben den Exponenten der phantastischen Malerei, die sich in den reich illustrierten Folianten immer noch ihre Anregungen holen, wird von Literaten das Portrait des Gelehrten neu gezeichnet, z. B. auch von Umberto Eco in dem Roman „Das Foucaultsche Pendel" (43).

Auch die moderne Kommunikationswissenschaft entdeckt in Kircher einen ihrer Wegbereiter (s. das Kapitel zu den Einzeldisziplinen) und KÜNZEL (44) hat dazu seine spezielle Sicht, aus welcher noch einmal die wissenschaftliche Universalität und der Berufungsglaube des „Gratwanderers" deutlich werden:

„... Was oberflächlich wie eine Flucht aus dem krisengeschüttelten Mitteleuropa wirken muss - Kirchers Weg nach Italien nämlich-, das dient in seiner Situation nur einer Aufgabe: Jenseits aller Erwägung, das verwüstete Land" (Deutschland) „und seinen bedrohten Orden im Stich zu lassen, sucht er das Gespräch mit den Hochkulturen des Altertums - mitten im alles vernichtenden Religionskrieg sucht Kircher die Verständigung zwischen einander fremden Religionen, Versöhnung im Wissen statt Verrat hinter den

Die Kirche il Gesù. In diesem Bereich - unweit vom Collegium Romanum -
ist vermutlich Athanasius Kircher bestattet worden.

Der Palazzo Venezia. Hier war im Jahre 2001 die große Ausstellung
„Athanasius Kircher - Il Museo del Mondo".

Fronten. Er arbeitet an diesem Werk, von der Militanz der Konfessionen unbeirrt, die kriegsschürenden Glaubensbekenntnisse aus seiner Arbeit verbannend. In seinen Büchern geschieht somit eine ungeheure Versöhnungsarbeit im Medium der Schrift ...

Kircher, das vielseitige sprachbegabte Wunderkind, kommt genau in dem Moment nach Rom, wo in gleichsam perverser Asymmetrie zu den religiös motivierten Bürgerkriegen des europäischen Nordens eine ungeheure Öffnung in allen wesentlichen Bereichen des Geistes geschieht. Der Aufbruch eines Systems internationaler Kommunikation steht unmittelbar bevor ..."

Man könnte unzählige weitere Gesichtspunkte aus der Sekundärliteratur anführen. Es wäre gleichermaßen möglich, weitere In-memoriam-Aktivitäten zu erkunden und hier anzuzeigen. Doch die gegebene Auswahl möge genügen, zumal eine komplette Darstellung ohnehin nicht realisierbar ist. Auch mit den Internet-Einträgen könnte man schon Bände füllen. Und anlässlich des 400. Geburtstages von Kircher sind noch einige interessante Veranstaltungen fernab von Geisaer Vorhaben zu erwarten[3].

Das bisher Gesagte möge zum besseren Verständnis und zur besseren Einordnung dessen dienen, was im Folgenden über die Einzeldisziplinen in Kirchers wissenschaftlicher Tätigkeit gesagt wird. Es geht dabei weniger um die partielle Wichtung, als vielmehr um eine Andeutung der nahezu beispiellosen Vielfalt der Kircherschen Beschäftigungen, insbesondere der Forschungsthemen bzw. Forschungsgegenstände.

Anmerkungen zum 2. Kapitel

[1] So hat z. B. der streitbare Gegenreformator Balthasar von Dernbach „aus nicht nachvollziehbaren Gründen" die zwielichtige Figur des Balthasar Nuß 1602 zum Zentgraf von Fulda und peinlichen Richter ernannt (45). Als „Malefizmeister" war dieser enge Vertraute des Fürstabts die treibende Kraft bei den Hexenprozessen, denen von 1603-1606 fast 250 Menschen im Hochstift Fulda zum Opfer fielen. Das Amt Rockenstuhl mit Geisa war glücklicherweise davon nicht betroffen.

In den Jahren 1627 - 1629 wurden in Würzburg (Kircher kam bekanntlich 1629 dort hin) 157 Menschen, darunter auch Blinde und Kinder verbrannt (46).

Der französische Wasserkünstler Jean Royer konnte sich nur vor der Inquisition retten, indem er sich künftige Schüler Caspar Schott anvertraute und ihnen sein Geheimnis (mit der Bitte, es anderen nicht zu offenbaren) verriet (47).

Auch von Kircher selbst sind solche Situationen bekannt. So musste er die Geheimnisse vorgeführter Kunststücke bereits in Heiligenstadt erklären, um nicht in den Verdacht der Zauberei zu kommen.

[2] Die Kopernikanische Lehre von der doppelten Bewegung der Erde wurde z. B. durch die Jesuiten zum Verbot gebracht. Außerdem befanden sich Keplers „E p i t o m e   a s t r o n o m i a e   c o p e r n i c a n i a e" und Galileis „D i a l o g e   ü b e r   d i e   z w e i   g r o ß e n   W e l t s y s t e m e" bis 1835 auf dem Index. Kepler war gezwungen, in Linz seinen Lebensunterhalt mit Horoskopen zu verdienen. Er wurde wie ein Hexenmeister behandelt und musste die Stadt verlassen. Seine Tante wurde als Hexe verbrannt, seine Mutter verdankt es dem Auftreten des Sohnes, dass sie nicht gefoltert wurde (46).

Auch Kircher wurden aus seiner spekulativen Kosmologie („A r s   m a g n a   l u c i s ...") einige Sätze von einem ungenannten Zensor im Namen der kirchlichen Rechtgläubigkeit beanstandet und zu den in der Gesellschaft Jesu verbotenen gerechnet. Zum Glück fand er Verteidiger (49).

Kircher hatte als Angehöriger des Ordens der Gesellschaft Jesu die 4 Gelübde   A r m u t ,   K e u s c h h e i t ,   a b s o l u t e r   G e h o r s a m   g e g e n ü b e r   d e m   O r d e n ,   G e h o r s a m   g e g e n ü b e r   d e m   P a p s t   abzulegen. Das vierte Gelübde (Profess-Gelübde) musste (in der

Regel nach 17 Jahren) abgelegt werden, wenn man zum Kern des Ordens gehören und ein hohes Ordensamt bekleiden wollte. Dazu gehörten auch Rektoren und Professoren. Das Profess-Gelübde beinhaltete die bedingungslose Bereitschaft, im Auftrage des Papstes jederzeit auch in jedes beliebige Missionsgebiet der Erde zu gehen. Kircher legte dieses Gelübde 1637 in Malta ab (20). Seiner schon früher mehrfach geäußerten Bitte, als Missionar nach China reisen zu dürfen, wurde nicht entsprochen.

[3)]

Vom 3. Mai bis 1. Juni 2002 ist im sogenannten Kornhäuschen am Aschaffenburger Schlossplatz eine Exposition des Künstlers Andreas Rohrbach zu sehen. Unter dem Titel „Fom Bum - Hommage an Athanasius Kircher" zeigt sie „eine subtile, sehr persönliche Annäherung an Athanasius Kirchers ästhetischen Gesamtentwurf der Welt".

Ein Arbeitskreis „Athanasius Kircher" der Universität Würzburg unter Leitung von Prof. Dr. Horst BEINLICH wird vom 1.10.2002 bis 16.12.2002 die Ausstellung „M a g i e d e s W i s - s e n s" zeigen. Auch in Wolfenbüttel (2002 unter Regie von Prof. Dr. Gerhard STRASSER und Dr. Thomas Stäcker) und Fulda (2003) sind Ausstellungen geplant.

3. Die Einzeldisziplinen
3.1. Kircher als Mathematiker

Schon frühzeitig bewies Kircher seine mathematischen Fähigkeiten (s. Lebenslauf). Er entwickelte sich zu einem exzellenten Mathematiker mit schneller Auffassungsgabe und scharfem Verstand. Als kurzweiliger Unterhalter, wie auch später als kenntnisreicher Wissensvermittler, wusste er hier zu beeindrucken.

Ein handgeschriebenes, mit zahlreichen Skizzen versehenes Buch aus dem Jahre 1630, der Würzburger Zeit also, ist noch erhalten. An eine Einführung in die Begriffsbestimmung der Mathematik, die Nützlichkeit, Wissenschaftlichkeit und in die Grundsätze dieses Fachgebietes fügen sich 7 Traktate, Abhandlungen über Arithmetik, Berechnung des Kirchenkalenders, theoretische und praktische Geometrie, Geografie, Astronomie, Horologiographie (Zeitmessung) und über Musik. Das Manuskript mit der Bezeichnung „Institutiones mathematicae" wurde von Kircher wahrscheinlich für die Vorlesungen benutzt und könnte die Vorlage für ein „Lehrbuch der Mathematik" gewesen sein. Es ging im Durcheinander des 30-jährigen Krieges verloren und wurde später wiedergefunden (10).

Besonderes Interesse widmete Kircher verschiedenen Zahlenkunststückchen und mystischen Zahlenspielereien. Sein größtes mathematisches Werk, die „Arithmologia..." (51) bringt z. B. seitenlange Abhandlungen über sogenannte Zauberquadrate, wie sie von den Chinesen, Arabern und Byzantinern übernommen und in Deutschland, insbesondere in der ersten Hälfte des 16. Jh., durch Michael Stiffel[1] verbreitet wurden (52). Zahlen wie Quadrate tragen häufig symbolischen Charakter.

Einige geometrische Probleme sind in der „Arithmologia" ebenfalls abgehandelt, dagegen fehlen Erkenntnisse neueren Datums, wie Hinweise zur Logarithmenrechnung eines Jobst Bürgi (1552 - 1632) oder der Anstoß eines Blaise Pascal (1632 - 1662) zur Differential- und Integralrechnung.

Auch in vielen anderen Werken Kirchers - z. B. „Magnes ..." (53), „Mundus Subterraneus ..." (54), „Musurgia universalis ..." (55), „Ars magna lucis ..." (56) etc. - finden sich mannigfache Zahlenkombinationen und geometrische Darstellungen. Verschiedentlich sind Vielecke und Vieleckswinkel abgehandelt. So ist nach der Erwähnung des Stern-Fünfecks in der „Arithmologia ..." in „Ars magna lucis ..." das Stern-Siebeneck beschrieben. Es dient Kircher zur Bestimmung der Himmelskörper (vgl. Zauberquadrate) Saturn, Jupiter, Mars, Sonne, Venus, Merkur und Mond, welchen die einzelnen Wochentage zugeordnet sind (57).

Kircher schuf einige mathematische Instrumente und Tabellensammlungen, die jedoch keinen bleibenden Wert besaßen:
1. Das „Pantometer ". Dieses Gerät wurde 1660 von seinem Schüler und Freund Caspar SCHOTT[2] in dem Buch „Pantometrum Kircherianum" (58) beschrieben. Man konnte damit verschiedene geometrische Messungen durchführen. Kircher berechnete z. B. mit seiner Hilfe die Ausmaße des Vesuvschlundes (7).
2. Der sogenannte „Maltesische Ausguck". Er wurde 1638 von Kircher beschrieben

Refolutio Nominis IESV in numeros pronicos.

ιεσ↓εφια							
I 10	10	8	200	70	400	100	888
H 8	8	10	70	400	200	100	888
Σ 200	200	200	400	10	70	8	888
O 70	70	400	8	200	100	10	888
T 400	400	200	200	8	10	70	888
Σ 200	200	70	10	200	8	400	888
888	888	888	888	888	888	888	

ιεσ↓εφια   Maria.

M 40				
A 1	1	5	2	8
R 100	5	2	1	8
I 10	2	1	5	8
A 1	8	8	8	

152

Hæc 3 octo Nominis Mariæ pulchrè alludunt ad Nominis Iesu ιεσ↓εφιαν.

8   8   8

Vides itaque quomodo in vtraque isepsiphia idem numerus myftica quadam ratione pulchris fanè co nceptibus apta , emergat . Attulit non ita pridem

6	32	3	34	35	1	111
7	11	27	28	8	80	111
19	14	16	15	23	24	111
18	20	22	21	17	13	111
25	29	10	9	26	12	111
36	5	33	4	2	31	111

Sigillum ☉

22	7	16	41	10	35	4
5	23	48	17	42	11	29
30	6	24	49	18	36	12
13	31	7	25	43	49	37
38	14	32	1	26	44	20
21	39	8	33	2	27	45
46	15	40	9	34	3	28	175

175

Sigillum ♀

Beispiele von Kirchers
„Zauberquadraten"
aus dem Werk
„Arithmologia ...".

X 2   8

(„Specula melitensis ...") und stellt eine turmartige Maschine dar, welche, auf allen Seiten mit radförmigen Bildern versehen, verschiedene Probleme der Astronomie, Geografie, Medizin, Physik und Mathematik, aber auch der Astrologie und Kabbala lösen sollte. Wegen der geringen Auflage des Werkes ließ SCHOTT später Bilder der Maschine in „Technica curiosa in Append. ad Lib. VI"- leider jedoch ohne Erklärungen - abdrucken (4), (59).

3. Das „Organum mathematicum". SCHOTT beschrieb unter gleichem Titel sehr detailliert eine Art Bureau, einen 29,5 cm x 44 cm x 25 cm (B x H x T) großen Kasten, der in 9 verschiedenen Abteilungen (Fächern) alle Tabellen, beweglichen Regeln etc. enthält, die Kircher auswählte, um mathematische Operationen jeglicher Art zu erleichtern (17), (60). Rechenstäbchen und Tafeln John Napiers (Nepers) (1550 - 1617) haben hier Pate gestanden. Die einzelnen Fächer sind nach folgenden Themen gegliedert:

Erstes Fach: Arithmetik (Multiplikation, Division und Ziehen von Quadrat- und Kubikwurzeln)

Zweites Fach: Geometrie (Tabellen für die Angewandte Geometrie, für Vermessung von Schattenbildern des Quadranten und des geometrischen Quadrates und für die praktische Geometrie mit Hilfe arithmetischer Berechnungen)

Drittes Fach: Fortificatoria (Festungsbau - Anweisungen und Tabellen)

Viertes Fach: Chronologia (Zeitberechnungen, wie z. B. das Datum für bewegliche Feste und die Berechnung astronomischer Sonnen- und Mondzeiten etc.)

Fünftes Fach: Horographia (Uhrenkunde - hier fundamentale Regeln für den Bau horizontaler und vertikaler Sonnenuhren)

Sechstes Fach: Astronomie (Berechnung der Länge von Tagen und Nächten im Jahr, der Stunden des Sonnenauf- und Sonnenuntergangs, der Tierkreiszeichen, der Dämmerungszeiten und der Sonnenhöhe und -neigung)

Siebentes Fach: Astrologie (Beschreibung der Vorauskenntnis oder Vorhersage aus den Sternen)

Achtes Fach: Steganographia (Geheimschriftkunde - mit Hilfe eines Schlüssel-satzes kann ein beliebiger Brieftext in andere Sprachen chiffriert werden. Als notwendiges Hilfsmittel für Monarchen und Heerführer vorgesehen.)

Neuntes Fach: Musica (Musikkunde - hier Tabellen und Zahlen, die zur Komposition dienen; mit ihnen können Noten, Zeit, Tonart, Modulation, Kontrapunkt etc. bestimmt werden.).

Vom „Organum mathematicum", existieren noch mehrere Exemplare, eines davon (auch „cista mathematica" genannt) im Istituto e museo di storia della scienza in Florenz (60).

4. Die „Tariffa Kircheriana". Dieses umfangreiche Tabellenwerk ist in einem gleichnamigen Werk (61) des Gelehrten veröffentlicht und enthält Zahlenreihen zur praktischen Geometrie. Entsprechend den Multiplikanden 1 - 100 ist hier die jeweilige Veränderung eines vorgegebenen Größenwertes von Rechteck- bzw. Dreieckfläche und von Prisma- bzw. Pyramideninhalt entwickelt. Die Ursprungsgröße erscheint ebenfalls hundertmal, so dass sich also 100 x 100 x 4 Zahlenwerte (ohne die Multiplikanden 1 - 100) ergeben.

3. 2. Kircher als Physiker und Chemiker

„Obwohl man Athanasius Kircher nicht unter den Gelehrten findet, die im 17. Jahrhundert die bahnbrechenden Entdeckungen auf dem Gebiet der Physik geleistet haben, gehören doch seine Werke zu den das - für die Geschichte der Physik und der ganzen Wissenschaft so wichtige - 17. Jahrhundert charakterisierenden" (MAREK in (39)). Kircher hat sich für alle Gebiete der Physik interessiert.

3. 2. 1. Magnetik

Dem Magnetismus widmete Kircher sein erstes gedrucktes Werk, die „Ars magnesia..." (1630/1631). Knapp zehn Jahre später folgte die bedeutende Arbeit „Magnes sive de arte ..." (53) in drei Büchern (Natur und Eigenschaften des Magneten, praktische Anwendung des Magnetismus auf den verschiedenen Gebieten der Technik, Welt der magnetischen Kunst). In ihr werden u. a. einige neue Gedanken zum Ferro-Magnetismus geäußert, s. auch (62), (63):

1. Angabe eines Verfahrens, mit einer Waage die Stärke oder Tragkraft eines Magneten zu bestimmen.
2. Beobachtung, dass auch glühendes Eisen noch vom Magneten angezogen wird.
3. Beobachtung eines der Freunde Kirchers, dass nach einem Ausbruch des Vesuvs eine große Veränderung in der Abweichung der Magnetnadel eingetreten sei.
4. Fortsetzung der Versuche William Gilberts, indem die jeweiligen Einstellungs-richtungen einer um eine Terella herumgeführten Nadel durch Linien (Vektoren) zwischen Nadel und Terella gekennzeichnet wurden. Kircher bahnte damit die Konstruktion der Kraftlinien bzw. Feldlinien an, ohne jedoch ihren Begriff festzustellen oder die Konstruktion zu vollenden.
5. Erste Anwendung des Magnetismus in Uhren. Z. B. bewegt sich in einer Wasseruhr eine künstliche Eidechse durch die Einwirkung eines Magneten fort und zeigt dabei die Zeit an.

Daneben finden sich Beweise der bemerkenswerten Phantasie des Gelehrten, so z. B. der Gedanke, einer meilenweit entfernten Person, die mit einer Art Empfangsgerät (bestehend aus einer Magnetnadel in einem runden Gehäuse, dessen Mantelfläche eine auf 360° verteilte Buchstaben oder Zahlenanordnung besitze) ausgerüstet sei, über einen besonders starken Magneten Mitteilungen zu geben. Diese Überlegungen wurden übrigens auch von anderen Zeitgenossen, wie dem Jesuiten Leurechon[3], angestellt. In das Reich der Märchen verlor sich Kircher dagegen mit seiner Meinung, man könne einen Magneten stärker machen, wenn man ihn zwischen getrocknete Blätter von Isatis silvatica lege (64).

So ist letztlich das oben genannte Werk mit den weit exakteren Arbeiten des o.g. Gilbert[4] doch nicht vergleichbar (Weiteres s. „Kircher als Geograf und Geologe").

Im dritten Buch „Magnes ..." und in einem späteren Werk mit dem Titel „Magneticum naturae regnum ..."(65) wird der Magnetismus zur Grundlage philosophischer Gedankengänge (s. „Kircher als Philosoph").

3. 2. 2. Akustik

Sehr eingehend befasste sich Kircher mit der Wissenschaft vom Schall und den entsprechenden Teilgebieten, wie physikalische, technische, physiologische, psychologische und musikalische Akustik. Einige Gedanken werden noch bei der Skizzierung seiner Arbeit als Mediziner und Musikgelehrter ausgeführt.

Umfangreich sind Kirchers Untersuchungen zur Schallleitung und Schallreflexion. Hier soll nun noch das Sprachrohr genannt werden, dessen Erfindung Kircher oft fälschlicherweise zugeschrieben wird. Von diesem Instrument ist z. B. in „Ars magna lucis.." (56), „Physiologia Kircheriana experimentalis ..." (66) und besonders in „Phonurgia nova ..." (67), (68) die Rede. Kircher, der ein ausgezeichneter Kenner alter Schriften war, spricht davon, dass bereits Alexander der Große eine Art Horn besessen habe, womit er sein Kriegsheer 100 Stadien (ca. 18 km) weit habe zusammenrufen können. Die Kunde davon wird dem Aristoteles zugeschrieben. Viele Wissenschaftler wollten in diesem Horn das erste Sprachrohr sehen, jedoch neigt man heute dazu, es zu den Blasinstrumenten zu rechnen (62), (69). Andere schrieben dem Italiener Giambattista Della Porta (1535 - 1615) die Erfindung zu, doch ist dessen Rohr, von dem er in seiner „Magia naturalis" spricht, kein Sprachrohr sondern ein Hörrohr.

Das von Kircher abgebildete Rohr ist zum Sprechen ungeeignet. Dennoch habe, wie POGGENDORF schreibt, Gottfried Huth, Professor an der ehemaligen Universität Frankfurt/Oder, im Jahre 1786 ein solches von Blech angefertigt und konnte sich damit wirklich auf 1500 Schritt verständlich machen. Es sei jedoch in der Form von dem des Kircher einigermaßen abgewichen. Dass bei Kirchers Zeichnung ein Abbildungsfehler beim Druck vorliegt, ist unwahrscheinlich, da das gleiche Bild in verschiedenen Werken (s.o.) erscheint.

Heute schreibt man die Erfindung des Sprachrohrs dem Engländer Samuel Moreland zu, der dasselbe im Jahre 1670 in seiner „Déscription of the tuba stentorophonica" erläuterte (Glas, später Kupfer, in konischer Form) und Versuche damit durchführte. Kircher nennt dagegen als Erfinder nach obiger Form einen gewissen Soland (1654), doch ist diese Nachricht nach Feststellung POGGENDORFs nicht anderweitig verbürgt.

1672 hat Kircher ein Sprachrohr in einer Länge von 15 Handbreiten - wie er seinem Freund Langenmantel schreibt (4) - anfertigen lassen und am Eustachiusberge benutzt, um die Christen zum Pfingstgottesdienst zu rufen. Es entsprach in der Form dem des Moreland. Der „Ruf vom Himmel" sei 4-5 italienische Meilen (ca. 6 - 7 km) weit gehört worden. Im gleichen Jahre noch behauptete Kircher in einem Brief an Langenmantel, dass ihn die Erfahrung überzeugt habe, dass man sich mittels eines von ihm beschriebenen Rohres auf 16 italienische Meilen hörbar machen könne. Dieses Rohr sollte der Kaiser für sein Heer überreicht bekommen. Verwendungen des Hörrohrs sind in der „Phonurgia" mehrfach gezeigt. So auch eine besonders bemerkenswerte Form der Nutzung: Gespräche im Hof oder Vorraum werden von einem riesigen Hörrohr aufgefangen und über Rohrleitung zu einer entfernt aufgestellten Büste geführt, wo man sie unauffällig abhören kann. Eine „rustikale" Vorgängerin moderner Abhöreinrichtungen!

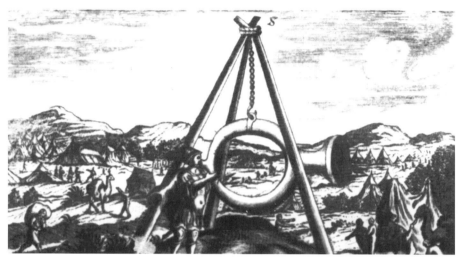

Die Sprech-Trompete im Kriegseinsatz (s. „Neue Hall- u. Tonkunst“).

Abhöreinrichtungen mit „sprechenden“ Büsten (s. „Neue Hall- u. Tonkunst“)

3. 2. 3. Optik

Kirchers Arbeiten auf dem Gebiete der Optik waren es, denen der Gelehrte auch in neueren Lexikas (s. o., (30)) die Erwähnung seines Namens verdankt. Doch gerade hier kann er nicht allein als Erfinder (70) angesprochen werden, wie im folgenden gezeigt wird. Zu dem jahrelangen Disput um die Erfindung der Laterna magica, der „Zauberlaterne" gibt BAIER (71) unter Benutzung der Nachforschungen Liesegangs[5] eine chronologische Aufzählung, die den tatsächlichen Entwicklungsschritten recht nahe zu kommen scheint und deshalb hier im Wortlaut abgedruckt wird:

„1646 Kircher beschreibt in der ersten Ausgabe seines Werkes ‚Ars magna lucis' (56) die ersten primitiven Methoden der Projektion.

1653/54 Taquet bedient sich des Kircherschen Verfahrens, jedoch mit Glasbildern und in verbesserter Form.

1657 Schott berichtet über Taquets Vortrag.

1659 Guisony besucht Huygens in Haag, lernt bei ihm die Laterna magica kennen, die Huygens in diesem Jahr konstruiert hatte, wobei er nur eine Beleuchtungslinse, jedoch keinen Hohlspiegel benutzte.

1660 Guisony schreibt aus Rom an Huygens, dass Kircher mit der Laterna magica noch nicht vertraut sei.

1662 Huygens spricht in einem Brief an seinen Bruder Ludwig in Paris von der Laterna magica als von einer alten Sache, einer Bagatelle; er erwähnt, dass er aus der früher hergestellten Laterne die Linsen herausgenommen habe und nicht herausfinden könne, welche es waren.
P. Petit in Paris schreibt an Huygens, dass er Walgensteins ‚Laterne de peur' (Schreckenslaterne) gesehen habe und stellt Vermutungen über ihren Aufbau an.

1664 Huygens gibt P. Petit eine kleine Skizze für den Bau einer Laterna magica, wobei er Hohlspiegel und Beleuchtungslinse verwendet. (Die primitive Skizze wird von Liesegang gedeutet.)

1665 Deschales lernt Walgensteins Laterna kennen.

1674 Deschales beschreibt Walgensteins Apparat, der einen Hohlspiegel, jedoch keinen Kondensor hat.

1671 Kircher bildet in der 2. Ausgabe seines Werkes ‚Ars magna lucis' die Laterna magica ab, doch sind in der Darstellung sachliche Fehler, die vielleicht dem Stecher zuzuschreiben sind."

Die nachfolgenden Bilder zeigen die Laterna magica (Kircher schreibt „Lucerna magica") mit und ohne Hohlspiegel, wie sie in „Ars magna lucis ...", Ausgabe 1671, auf den Seiten 768 und 769 abgebildet ist (72).
Es fällt leicht auf, dass sich das zu projizierende Dia fälschlich zwischen Objektiv und Schirm befindet und dass die Umkehrung des Bildes bei der Projektion nicht berücksichtigt ist.
Die Fehler scheinen jedoch beim Druck unterlaufen zu sein, denn im Text ist z. B. zu lesen, dass das mit durchsichtigen Wasserfarben gemalte Bild verkehrt herum eingesetzt werden muss.
Nach BALERs bzw. Liesegangs Meinung kann man bei der Entwicklung der Laterna

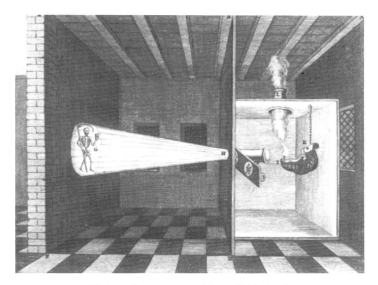

Kirchers „Lucerna magica" (ohne Hohlspiegel).

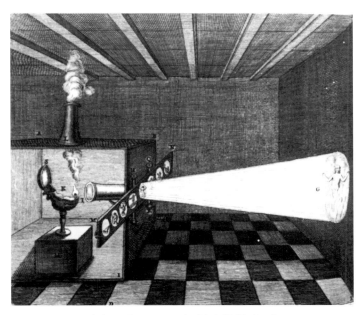

Kirchers „Lucerna magica" (mit Hohlspiegel).

magica weniger von einem Erfinden als vielmehr von einem Vollenden sprechen. Kircher gebührt dabei vor allem das Verdienst, der Öffentlichkeit erstmals genauere Kenntnis von diesem Apparat gegeben zu haben, dessen hervorragende Bedeutung damals noch nicht abzusehen war. Sicherlich ist auch davon anzugehen, dass von allen „Erfindern" der „Zauberlaterne" die genaue Wirkungsweise lange Zeit sorgsam als Geheimnis gehütet wurde.

Gelegentlich wird dem Gelehrten auch die Erfindung der Camera obscura, der Lochkamera, zugeschrieben (15). Doch bereits Aristoteles beschrieb in seinem Werk „Problemata" ihr Grundprinzip. Es folgten mit teils neuen Erkenntnissen der arabische Forscher Abu Ali Alhazen (ca. 11. Jh.), Roger Bacon (ca. 13. Jh.), John Peckham/Pisanus (1279), Vitello (1290), Leon de Bagnols, Leonardo da Vinci (!) (ca. 1490) und schließlich der technisch sehr begabte Italiener Giambattista Della Porta (71). Bei seinen Vorführungen in Heiligenstadt (1624) hat Kircher wohl mit dieser Camera obscura gearbeitet.

Nicht viel anders ergeht es der „Erfindung" (73) des sogenannten „Maltesischen Spiegels". Zunächst muss festgestellt werden, dass es sich hier um eine doppelte Verdrehung späterer Aufzeichner handelt. Die Arbeiten auf Malta galten in Wirklichkeit der Entwicklung der „Specula melitensis" (s. o.), zum anderen war obige „Erfindung" ein Versuch, dessen Grundgedanke von Aristoteles stammen soll. Kircher konstruierte einen Brennspiegel, der aus 5 ebenen, durch Scharniere verbundenen Spiegeln gleicher Größe bestand, die auf Grund ihrer Anordnung die Sonnenstrahlen auf einen über 100 Fuß entfernten gemeinsamen Punkt reflektierten und daselbst eine bedeutende Hitze hervorriefen. Der Gelehrte nahm 1638 gelegentlich einer Reise mit Caspar SCHOTT nach Sizilien die Örtlichkeiten von Syrakus in Augenschein und war überzeugt, dass Archimedes hier, wie die Sage berichtet[6], durch zweckmäßig aufgestellte Brennspiegel die römische Flotte vernichten konnte. Er führte deshalb Experimente durch und stellte fest, dass die römischen Galeeren hätten verbrennen können, wenn die verwendeten Linsen elliptisch und die Schiffe nicht weiter als dreißig Schritt von der Küste entfernt gewesen wären. Bereits im 13. Jahrhundert hatte ein gewisser Vitello ähnliche Versuche zu demselben Zweck ausgeführt (4), (10), (62).

Von größerer Bedeutung sind Kirchers Experimente mit dem Mikroskop. Hierzu folgen noch Ausführungen im Abschnitt „Kircher als Biologe und Mediziner".

Im historischen Teil seiner Farbenlehre bezieht sich Johann Wolfgang von Goethe auf Kircher. Dieser habe mit seinem Werk „Ars magna lucis ..." als Erster Licht, Schatten und Farbe als Elemente des Sehens betrachtet (10). Kircher sagt selbst in der Vorrede zum 3. Teil des 1. Buches (71):

> „Kein Licht ohne Schatten, kein Schatten ohne Licht ... Der ganze Schmuck
> der Welt ist aus Licht und Schatten dergestalt bereitet, dass, wenn man eins
> von beiden wegnähme, die Welt nicht mehr Kosmos heißen noch die
> verwundernswürdige Schönheit der Natur auf irgendeine Weise dem Gesicht
> sich darstellen könnte ... Hebt man die Farbe auf, so wird zugleich alles Sehen
> aufgehoben ..." (74).

Kircher befasste sich auch mit der Fata Morgana. Diese geheimnisvolle Erscheinung war zuweilen an der Straße von Messina beobachtet worden. Kircher erforschte die dortigen Bedingungen und stellte sie in einem Experiment nach. Zum Erstaunen und auch Schrecken der Zuschauer konnte er das Naturphänomen täuschend echt nachvollziehen (75).

Großes Interesse zeigte Kircher an der Erscheinung der Fluoreszenz. Sie war von einem Schuhmacher zu Bologna, Vincentius Casciorolus, um 1602 entdeckt worden (76), als dieser Schwerspat mit einer verbrennlichen Substanz glühte. Kircher stellte nun den „Bologeneser Leuchtstein" selbst her, indem er den Spat mit Eiweiß mischte und das Gemenge glühte (77). Er war der gleichen Meinung wie Galilei, der das Licht als eine „unkörperliche Qualität" ansah, „weil der Stein das Sonnenlicht aufnehme, als ob es ein Körper wäre, und es nach und nach wieder zurückgebe". Kircher war der erste, der die Fluoreszenz beschrieb. In der ersten Ausgabe seiner „Ars magna lucis ..." sind auch Beobachtungen dieser Erscheinung an einer wässerigen Lösung von mexikanischem Nierenholz[7], das ihm Ordensbrüder schickten, angegeben. Die Lösung zeige im auffallenden Licht eine tiefblaue Farbe, während sie beim Hindurchblicken klar sei wie Brunnenwasser. Eine eindeutige Erklärung war Kircher dazu nicht möglich.

Ein gewisser Joseph Bonancursius „beobachtete, dass, wenn er auf ein in die Öffnung des Fensterladens einer dunklen Kammer gehaltenes dunkles Papier sah und darauf die Öffnung schloss, ihm vor den Augen die verschiedensten Farben erschienen" (62). Kircher erkannte die Bedeutung dieses Versuchs und sprach als erster von physiologischen Farben. Er stellte selbst weitere Beobachtungen an und erkannte z. B., „dass das Auge, wenn es längere Zeit auf farbige Gegenstände und dann auf eine weiße Fläche gerichtet wird, die Umrisse jener Gegenstände in gewissen Farben erblickt" (77). In der Erklärung verglich er das Auge mit dem „Bologeneser Leuchtstein".

Interessant sind auch Kirchers Beobachtungen vom Farbwechsel des Chamäleons. Er brachte das Tier abwechselnd auf weiße und rote Tücher und zeigte, dass der Farbwechsel dadurch beeinflusst wird.

3. 2. 4. Mechanik

Neben der physikalischen Akustik befasste sich Kircher besonders in seinem Werk „Mundus subterraneus ..." (54) mit weiteren Teilgebieten der Mechanik. So gab er, wie viele seiner Zeitgenossen (Torricelli, Baliani, Mersenne, Riccioli, Huygens etc.) Hinweise zum Gebrauch des Pendels zur Zeitbestimmung. Wie Boyle beschrieb er auch ein Aärometer, das aus einer mit Quecksilber oder Schrot gefüllten und mit einem Stil ausgestatteten Glaskugel unveränderlichen Gewichts besteht (69). Nicht unerwähnt sei auch die Konstruktion verschiedener Wasseruhren.

In seiner „Musurgia ..." (55) versichert Kircher, dass man eine Puppe herstellen könne, die sowohl Augen, Lippen und Zunge bewegen als auch sprechen könne und wie lebend erscheine. Er wollte ein solches Exemplar zum Amüsement der Königin Christine von Schweden bauen, sei aber durch das Fehlen von Zeit und Geld daran verhindert gewesen (17).

Eine interessante Anwendung der seit Ende des 13. Jahrhunderts in Europa zu militärischen Zwecken verwandten Pulverrakete ist in „Mundus subterraneus ..."

gezeigt. Die Treibsätze, die auf dem Rückstoßprinzip (Rückstoß ausgestoßener Gase) arbeiten, dienen zum Antrieb einer Maschine, d. h. eines Rades und erzeugen eine kreisförmige Bewegung.

Zahlreiche Anwendungen des Hebelgesetzes und des pneumatischen und hydraulischen Antriebs von Maschinen hat Kircher in verschiedenen seiner Werke beschrieben. Seine umfangreichen Experimente wurden von Johannes Stephan KESTLER in dessen Buch „Physiologia Kircheriana experimentalis ...“ ((66), s.o.) aufgezeichnet.

Neben der technischen Mechanik war für Kircher natürlich auch die Himmelsmechanik von besonderem Interesse (s. 3.4.).

3. 3. 5. Wärmelehre

Auch mit der Wärmelehre befasste sich Kircher. Doch handelt es sich hier im wesentlichen um die Nutzung der Wärmeausdehnung an verschiedenen bekannten oder sogar neu geschaffenen fantasievollen Geräten. Die Ausdehnung des Quecksilbers wird zur Temperaturmessung genutzt. Auch die Dampfkraft als mechanische Triebkraft ist angedeutet.

Die oben genannte Rakete, müsste hier ebenfalls wieder erwähnt werden, da sie im weiteren Sinne zu den Wärmekraftmaschinen zählt.

3. 2. 6. Chemie

Neben der Herstellung des Leuchtsteins fehlen weitere interessante Ergebnisse oder Gedanken Kirchers zu seinen chemischen Versuchen. Es muss jedoch erwähnt werden, dass der Gelehrte als einer der Ersten nicht jede Form der Alchemie akzeptierte, zumal seit dem 17. Jh. die wissenschaftlich-empirische Chemie im Kommen war. So schrieb er z. B. 1669 über einen seiner Gegner an Langenmantel:

> „Was Du mir aber von Salomon Blauenstein, dem Gegner meines „Mundus subterraneus ...“ mitteilst, dessen Broschüre mir neulich zugeschickt worden ist, so ist er ein fictians bubo et exculatus monachus. Man muss sich gar nicht darum kümmern und ihn wie einen Hund verachten. Ich halte ihn einer Antwort nicht wert. Er ist einAlchemist und Betrüger“ (4).

Kircher lehnte die Alchemia transmutatoria ab, deren Ziel die Herstellung des Lapis philosophorum (Stein der Weisen, mit dessen Hilfe man Gold machen wollte) war, nicht jedoch die Alchemia metallurgica und die Chymia spagyrica seu analytica.

3. 3. Kircher als Geograf und Geologe

Schon frühzeitig befasste sich Kircher mit kartografischen Arbeiten und wurde zu einem der besten Kartenzeichner seiner Zeit. Über sogenannte Variationskarten (Koordinatensystem für die Erde aufgrund magnetischer Deklination) spricht er in seinem Werk „Magnes ...“ ((53), S. 360, auch (78), (79)). Nach dem Kosmographen Alonso de Santa Cruz (1530) befasste sich neben anderen auch Pater Christoph Burrus mit solchen Karten. Dieser habe sie - nach Kirchers Angabe - dem König von Spanien zur Auffindung und Bestimmung der Seelänge für einen übergroßen Preis angeboten. Kircher schlug nun vor, Erdkarten zu zeichnen, auf denen die durch Orte gleicher magnetischer Abweichung hindurchgehenden Linien, die „liniae chalyboliticae“

(später Isogonen genannt), eingetragen sein sollten.

Von großer Bedeutung waren die Gedanken des Gelehrten zu den Meeresströmungen. Durch z. T. eigene Experimente und Beobachtungen (z. B. Messungen an der Straße von Messina) und durch Berichte seiner Ordensbrüder aus aller Welt wurde er dazu angeregt, die horizontalen Meeresströmungen kartografisch zu fixieren. Die ersten Karten dieser Art entstanden 1665 (s. „Mundus subterraneus") und zählen zu den größten wissenschaftlichen Leistungen Kirchers. Die folgenden Bilder zeigen solche Karten. Nach Kirchers Ansicht entstehen durch die verdunstenden Wassermassen Kompensationsströmungen nach dem Äquator hin. Auch durch Winde und Gezeiten könnten solche Störungen hervorgerufen werden. Dass er neben den echten Meeresströmungen fälschlich auch solche vertikalen annahm, die durch das Erdinnere hindurchwandern, möge hier nur am Rande vermerkt werden.

Kirchers physikalisch-geographisches Hauptwerk, der bereits mehrfach genannte zweibändige „Mundus subterraneus" („Unterirdische Welt"), erlebte auf Grund seiner Popularität nach 1665 noch zwei weitere Auflagen. Er stellt den ersten Versuch zu einer physikalischen Weltbeschreibung dar. Werke ähnlicher Art sind „Iter extaticum II ..." (gewissermaßen ein Auszug des „Mundus ...") (80), „Itinerarium exstaticum ..." (81) und „Iter extaticum coeleste ..." (Neuauflage des „Itinerarium ..." durch SCHOTT; (82)). Leider sind dem Gelehrten einige wichtige Beiträge seiner Zeitgenossen[8] entgangen (37).

Sonderbar sind Kirchers Vorstellungen von einem Skelett oder Gezimmer der Erde, wobei er an sich kreuzende Bergmeridiane und auch -parallelkreise dachte, die sich auch untermeerisch fortsetzen sollten, oder von gewaltigen Wasserkammern, Kanälen und der Wasserzirkulation im Erdinnern (37), (83).

Zuweilen wird Kircher auch die Idee zum Bau des Panamakanals nachgesagt, aber mit diesem Problem beschäftigten sich die Spanier schon seit dem 16. Jahrhundert.

Ziemlich ausführlich behandelt der Gelehrte die vulkanischen Erscheinungen. Der Wanderschriftsteller Stefan ETZEL sieht das so[9]:

> „Nimmt es Wunder, dass der erste Forscher der sich aus wissenschaftlicher Neugierde in den Krater eines Vulkans wagte, ein Rhöner war? 1637/38 erlebte der Jesuitenpater Athanasius Kircher aus Geisa im Ulstertal auf einer Reise mit dem hessischen Landgrafen durch Süditalien das Aufbrodeln der ‚Unterirdischen Welt', so der (ins Deutsche übersetzte) Titel eines seiner späteren Werke: Auf Sizilien waren sie Augenzeugen, als Ätna und Stromboli ausbrachen, gerieten in Kalabrien in das schwerste Erdbeben seit Menschengedenken, sahen den Untergang der Stadt St. Eufemia. Als die Reisegesellschaft Neapel erreichte, drohte auch der Vesuv auszubrechen. Eilends erklomm der 35-jährige Forscher den Berg und seilte sich mit unerschütterlichem Gottvertrauen in den Krater des rumorenden Vulkans ab, um sich sein eigenes Bild zu machen...
>
> ... schönste Würdigung dieses Rhöner Römers, der durch eigene Beobachtung erste Grundlagen der Vulkanismustheorie geliefert hatte, ist die Benennung eines Mondkraters mit seinem Namen ..."

Im „Mundus subterraneus ..." sind Angaben über Krater und Lavaströme von Vesuv und Ätna, des Weiteren eine Liste aller geschichtlich bekannt gewordenen Ausbrüche

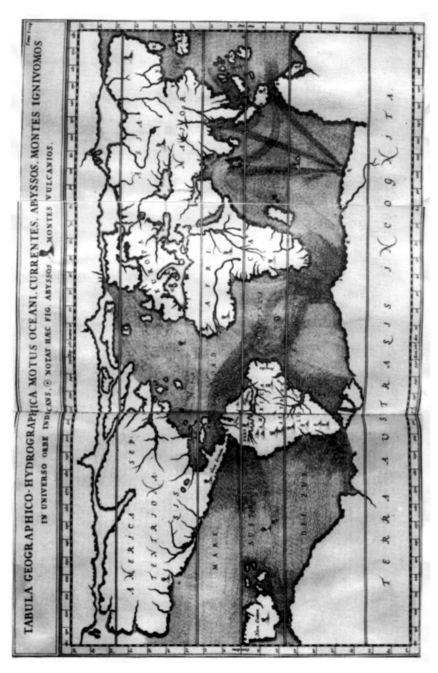

Die 1. Kartendarstellung horizontaler Meeresströmungen (s. „Mundus subterraneus...“).

Die 1. Kartendarstellung horizontaler Meeresströmungen (Detailkarten), (s. „Mundus subterraneus...").

Kircher erforschte auf der Rückreise von Malta den Krater des Vesuvs.
Er ließ sich an einem Seil ein Stück in den Trichter hinab und führte Berechnungen durch.
Die Untersuchung bestärkte ihn in der Annahme, dass die Vulkane eine Art Sicherheitsventile
für den feuerflüssigen Zustand des Erdinneren darstellen
(s. „Mundus subterraneus...").

sowie die historisch verbürgten Umgestaltungen der Meeresküste und ein Katalog (entsprechend dem des Geographen Bernhardus Varenius (1621 - 1650)) verschiedener bekannter Vulkane der Welt enthalten. Weiterhin wird ein Erddurchschnitt gezeigt, in dessen Zentrum sich das Zentralfeuer befindet und an dessen Peripherie kleinere Feuerherde vorhanden sind, die durch Feuerkanäle mit dem Zentralfeuer in Verbindung stehen. Die Vulkane stellen dabei die Luftlöcher der im Innern der Erde befindlichen Feuernester dar.

Ihre Observation und die Beobachtung der Lavaströme und zahlreichen Nebenkrater bestärkte den Gelehrten in seiner Ansicht vom feuerflüssigen Zustand des Erdinneren. Diese Hypothese fand erst 200 Jahre später Anerkennung und Eingang in die offizielle Lehrmeinung.

Kirchers „Mundus ...“ ist einer der ersten Versuche, die Erde und ihre Struktur vom physikalischen Blickwinkel aus zu beschreiben. „In Kirchers Augen sind die verborgenen Kräfte der Sternenwelt und überhaupt alle Kräfte und Wirksamkeiten des Universums im Erdkörper zusammengedrängt, der von Gott als Wohnstätte des Menschen, des Beschauers der göttlichen Werke und Bewunderers des göttlichen Weltarchitekten, geschaffen wurde" (10).

Zu Zeiten Boyles lernte man die Entsalzung des Meerwassers durch Gefrieren kennen. Kircher wusste bereits, dass das Meereis beim Auftauen süßes Wasser liefert - aber seiner Meinung nach aus Niederschlägen, die in kalten Gegenden häufiger seien. Er glaubte, dass das salzige Meerwasser nicht gefrieren könne (62).

Die geologischen Wirkungen von Wind und fließendem Wasser wurden in ihrer Bedeutung beschrieben. Des Weiteren enthält „Mundus ...“ Gedanken zum Ursprung der Winde.

Auch zum Problem der Verwitterung brachte Kircher für seine Zeit wertvolle Ausführungen. Er kam dabei wesentlich über den Standpunkt von Georgius Agricola (1494 - 1555) hinaus. Kircher sah in der Verwitterung teils einen chemischen, teils einen durch lang andauernden Frost hervorgerufenen mechanischen Vorgang.

Bei der Frage nach der Entstehung von Versteinerungen setzt sich wieder Kirchers Hang zum Phantastischen durch. Zwar spricht er von Tierchen, die der Bernstein eingeschlossen hält, von Pflanzen und Pflanzenteilchen, die von Schlamm umgeben wurden und dadurch ihre Gestalt bewahrten, von Fischen, die bei Über- schwemmungen in Schlamm eingebettet worden seien, doch hält er einen „spiritus lapidificus" zur Erklärung des Versteinerungsvorgangs noch für notwendig. Zum anderen glaubte er, die „natura lithogenetica" suchte es der belebten Natur gleichzutun und gebe dem steinernen Gebilde geometrische, astronomische, pflanzliche, tierische oder sogar menschliche Formen. Die Entstehung könne dabei zufällig - mit Hilfe der verhärtend wirkenden steinbildenden Kraft - oder durch göttlichen Einfluss direkt erfolgen (37), (77).

Auch für fossile Knochen interessierte sich der Gelehrte. Obwohl er an Extremformen glaubte, die durch „unzüchtige Freyerei" zwischen den „Kindern Gottes" und den „Töchtern Cains" entstanden seien (84), (85), ging er andererseits so weit, die Berichte über die ungeheuren Riesen der Vorzeit anzuzweifeln, indem er für einige Fälle nachwies, dass gewisse in Sizilien gefundene Knochen nicht von menschlichen Wesen, sondern von Elefanten und ähnlichen gewaltigen Tieren früherer Zeit stammten (86).

Ein weiteres bedeutendes Werk Kirchers ist das 1667 gedruckte Buch „China monumentis ... illustrata ...“ (87). HEIN (88) nennt es ein „geographisches Kompendium zur chinesischen Kulturwelt und Topographie unter Berücksichtigung zahlreicher darüber hinausgehender Spezialaspekte...“ .

Kircher hatte 10 Jahre daran gearbeitet und unzählige Berichte und Materialien der bedeutendsten Chinareisenden seiner Zeit dazu genutzt. Das Werk wurde in mehrere Sprachen übersetzt und erlebte noch zwei weitere Auflagen 1670 und 1678 (nach HEIN 1667 auch einen zusätzlichen Raubdruck). Kircher beschreibt darin unter anderem die religiösen Anschauungen der Chinesen (auch Missionsgeschichtliches), ihren Staatsaufbau, die chinesische Baukunst, die chinesische Schrift, Sprache und Literatur, die chinesische Wissenschaft und Technik, verschiedene geologisch-mineralogische Besonderheiten sowie Beispiele der Tier- und Pflanzenwelt (Beschreibung der Tee- und der Rhabarberpflanze). Es sind samt einer Reisebeschreibung, der ersten nach Marco Polos Bericht, eine Unmenge Fakten über China, das damals noch selbständige Tibet und einige andere Länder zusammengestellt. Von diesem sehr erfolgreichen Werk wird auch noch an anderer Stelle die Rede sein. Kircher wurde durch diese Arbeit zum Mitbegründer der Sinologie (wissenschaftl. Chinakunde).

3. 4. Kircher als Astronom

Durch die Erfindung und ständige Weiterentwicklung des Fernrohrs war seit dem 17. Jh. die Beobachtung der Welt weit über bisherige Grenzen möglich geworden. Die schier unstillbare wissenschaftliche Neugier des Athanasius Kircher konnte natürlich an dieser Chance nicht vorbeigehen. Dass es damals schon eine Beobachtungs-möglichkeit im Collegium Romanum gab, ist sehr wahrscheinlich. Die bekannte Sternwarte wurde aber offenbar erst später von dem Prof. für Astronomie Pietro Angelo Secchi S. J. (1818 - 1878) eingerichtet[10.] Tatsache ist jedoch, dass auch Kircher umfangreiche Himmelsbeobachtungen durchführte, vor allem mit Christoph Scheiner S. J. (1575 - 1650). Dieser hatte den Pantografen erfunden, beschrieb die Anatomie des Auges und machte zahlreiche Versuche zu dessen physiologischer Optik, verwirklichte als erster das Keplersche Fernrohr zur Beobachtung des Weltalls mit zwei Konvexlinsen, entdeckte 1611 von seiner Sternwarte in Ingolstadt aus -unabhängig von Johannes Fabricius (1587 - 1615?) und Galileo Galilei (1564 - 1642)- die Sonnenflecken und berechnete aus Änderungen in der Lage der Flecken einen angenäherten Wert für die Umdrehungszeit der Sonne (11), (89). Welche Bedeutung er der wissenschaftlichen Kompetenz von Kircher beimaß, mag sein Brief vom 25. März 1634 aus Wien zeigen, der in Rom noch erhalten geblieben ist (90). Darin heißt es unter anderem:

> ... „Ich beschwöre Hochwürden Pater Kircher, Sie möge mir Ihre Unterstützung für die feststehende Erde und die bewegliche Sonne senden, ich werde sie meinen Schriften beifügen mit Hochachtung vor Euer Hochwürden. Ebenso mögen Sie mir die Bekanntmachung des in Rom verurteilten Galilei schicken. Möge es Ihr wohl ergehen, meiner bei Gott immer eingedenk ...“.

Das Vortitelblatt zu Kirchers
bedeutendem Werk „China illustrata"

Kircher befasste sich auch mit den religiösen
Anschauungen der Chinesen.
Das Bild zeigt die 16-armige sino-indische
Göttin Pussa auf der Blüte einer Lotospflanze.

Der Dalai Lama.

Lhasa mit dem Potala des Dalai Lama. Die Skizze des Johann Grüber erlebte in Kirchers „China illustra..." ihre erste Veröffentlichung. Damit wurde die Palastburg des Dalai Lama auch in Europa bekannt.

Teil der chinesischen Mauer (s. „China illustra...“).

Größenvergleich der Pekingglocke mit der Erfurter Domglocke „Maria Gloriosa“
(s. „China illustra...“).

Erstmals wurden in „China illustra..." auch die Teepflanze (oben) und die Rhabarberpflanze genauer beschrieben. Sie wurden auch als Zierpflanzen angebaut.

Ob Kircher diese Erwartungshaltung, dieser Erwartungsdruck, angenehm war, wissen wir nicht. Galilei gegenüber verhielt er sich jedenfalls (ähnlich wie zeitweise auch Papst Urban VIII.) neutral bis wohlwollend. Allem Neuen gegenüber aufgeschlossen, verurteilte er dessen Erkenntnisse nicht, wie man es von ihm erwartete, ja verlangte, sondern unterzog sie einer eigenen Prüfung. In seinem astronomischen Hauptwerk „Iter extaticum coeleste ...“, das von SCHOTT herausgegeben wurde, beschreibt Kircher die verschiedenen Weltsysteme: das ptolemäische, das ägyptische, das platonische, das tychonische und das kopernikanische (heliozentrische, in welchem erstmals die Sonne als Mittelpunkt des Planetensystems erscheint[11]). Die alte ptolemäische Lehre hatte noch zahlreiche Anhänger, und um offenbar nicht in direkte Konfrontation zu gehen, eine gewisse Geborgenheit zu bewahren und den Obern entsprechend seinem Gelöbnis den erforderlichen Gehorsam zu erweisen, schloss sich Kircher dem Weltbild des Tycho de Brahe (1546 - 1601) an, mit der Erde als ruhendem Bezugspunkt, einer um die Erde kreisenden Sonne und den Planeten, die sich ihrerseits um die Sonne bewegen. Es ist ein Kompromiss, der ihm die Lehre des Kopernikus (1473 - 1543) in relativierter Form nutzbar machte und die Grenzen der wissenschaftlichen Freiheit, unter vielgestaltiger Bevormundung sorgsam abwägend, unberührt ließ. Noch waren ja nach verbreiteter Meinung alle genannten Systeme hypothetisch. Die Planetengesetze (1609 und 1619) von Kepler (1571 - 1630) wurden noch nicht allgemein akzeptiert.

Die Bewohnbarkeit der Planeten, insbesondere des Saturn wird im „Iter extaticum ...“ eifrig diskutiert, ähnlich, wie es Bernhard Fontenelle (1657 - 1757) in seinem „Entretiens sur la pluralité des mondes“ tut (91). Des Weiteren sind Mond und Mondphasen beschrieben. Die Sonne ist für Kircher ein Meer wallenden Feuers, was er durch die Wirkung des Brennpunktes konvexer Gläser als bestätigt ansieht. Mit Christoph Scheiner stellte er 1635 Beobachtungen der Sonne an (69), (92) und veröffentlichte Mond- und Sonnenbilder von diesem.

Die Himmelskörper werden nach Kirchers Meinung von „himmlischen Intelligenzen“ bewegt (93). Auch astrologische Überlegungen finden breiten Raum.

3. 5. Kircher als Biologe und Mediziner

Botanischen und zoologischen Notizen Kirchers begegnet man in verschiedenen seiner Werke, z. B. in „Mundus subterraneus ...“, „China monumentis ... illustrata ...“ (87) und „Arca Noë ...“ (94). Bemerkenswert erscheint seine im „Mundus ...“ geäußerte Ansicht über die Palingenesie, den Pflanzenphönix, d.h. die Wiederbelebung einer Pflanze aus ihrer Asche. Kircher erzählt, dass er im Jahre 1657 der Königin Christine von Schweden die Palingenesie einer Rose aus ihrer Asche innerhalb einer hermetisch verschlossenen Flasche gezeigt habe. Das Geheimnis des Verfahrens, das er „secret imperial“ nennt, habe er von Kaiser Ferdinand III. erhalten, der es wiederum von Kaiser Maximilian erlernt haben solle. Dieser verdanke es angeblich einem Magier namens Terentio. Die Flasche sei kurze Zeit nach der Vorführung, am Fenster stehend, durch Frosteinwirkung zerbrochen. Da der Versuch sehr lange dauere, fehle die Zeit, ihn zu wiederholen (95).

Diese Ausführungen Kirchers haben zu mancherlei scharfer Kritik gegen die Glaubwürdigkeit seiner Person Anlass gegeben. So schreibt EBERHARD in seinen „Abhandlungen vom physikalischen Aberglauben und der Magie" ((96), S. 70)

„... Ingleichen die so genannte Palingenesie der Pflanzen, womit der bekannte Athanasius Kircher so viele ansehnliche Gelehrte hintergangen hat ...".

Tatsächlich hat sich Kircher gar nicht des oben genannten Verfahrens bedient. Er kündigte die Absicht an, das Seinige in einer speziellen Abhandlung „De palingenesia plantarum ex cineribus" zu veröffentlichen, doch dieses Projekt schlummert ohne Ausführung. Heute glaubt man, dass Kircher schalkhaft mit optischer Täuschung arbeitete (17). Warum seine Ausführungen so unklar und irreführend sind, ist sonst kaum zu verstehen.

In seinem Spätwerk „Arca Noë ..." hat Kircher ausführlich die Tiere beschrieben, die in Noas Arche aufgenommen wurden. Leider erwähnt er hierbei auch die Phantasiegebilde Greifen und Sirenen. Doch muss gesagt werden, dass der Gelehrte hier nicht als Zoologe auftreten wollte. Vielmehr sollte die Sintflut wissenschaftlich vertreten werden (97). Eine Einschätzung geben die nachfolgenden Bilder.

In Würzburg hatte Kircher erste Fühlung mit der medizinischen Praxis genommen (s. o.). Bei der Vielseitigkeit des Gelehrten nimmt es nicht wunder, dass er auch auf diesem Gebiet weitere Studien betrieb. War es in der Astronomie möglich geworden, durch die Verwendung des Fernrohrs den Blick weiter in den Makrokosmos zu richten, so ermöglichte nun das seit dem 16. Jh. aus primitiven Versuchsanordnungen heraus ständig weiterentwickelte Mikroskop, die Wahrnehmungsgrenzen des Menschen auch in Richtung immer kleinerer Strukturen zu verschieben. Kircher erkannte die Erschließungsmöglichkeit völlig neuer Forschungsgebiete und wurde zum „frühesten der barocken Mikroskopiker" (98). Zu einer seiner bahnbrechendsten Leistungen muss gerechnet werden, dass er neben William Harvey (1578 - 1657) und Thomas Wharton nach STICKER (14) „die Anfänge einer wissenschaftlichen, auf Sehen oder wenigstens auf Sehenwollen und auf Versuch gegründeten Parasitologie" begründete, die erst zu Beginn des 18. Jahrhunderts in ihrer Bedeutung so recht erkannt worden sind (99). In Kirchers „Ars magna lucis ..." (56) wird ein „smicrocopium", wie er es nannte, dargestellt. Dieses Instrument wurde auch als „Vitra muscaria" oder „Flohglas" bezeichnet. Es handelte sich um ein ca. 5 cm langes Röhrchen, in dessen Boden eine winzige Glaskugel als Linse eingefügt war. Das Objekt wurde nun auf der Kugel befestigt und im Durchlicht betrachtet (98). Diese und ähnliche Anordnungen benutzte Kircher als Helfer bei der Krankheitsdiagnostik. Er war damit wohl der Erste, der das damals noch wenig leistungsfähige „Mikroskop" zur Erforschung einer Krankheitsursache einsetzte. Die Suche nach Strukturelementen des menschlichen Körpers war gleichermaßen geweckt.

Die Einführung der mikroskopischen Anatomie zählt zu den Pionierleistungen Kirchers (100), (101). Sein besonderes Interesse galt der Pest. Die verheerenden Auswirkungen dieser Krankheit hatte er bereits in den Jahren 1611-1615 in der Rhön kennen gelernt (102); ihr häufiges Auftreten[1] [2] und die Ohnmacht der Betroffenen und Verschonten veranlassten den Gelehrten zu zahlreichen Überlegungen und

Das Vortitelblatt zu „Arca Noë".

Der Bau der Arche (s. „Arca Noë...").

Einzug in die Arche (s. „Arca Noë...").

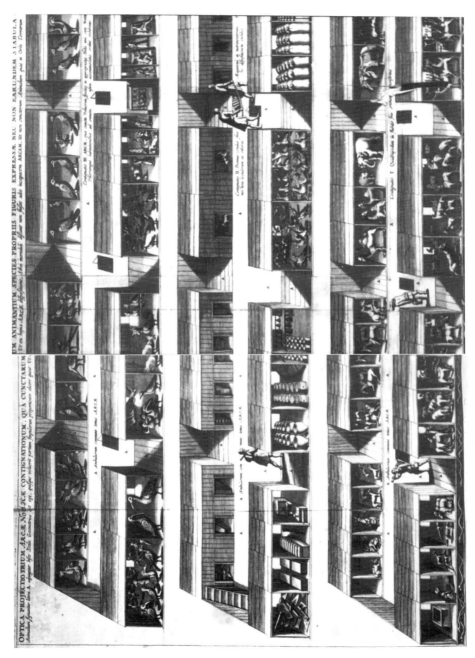

Die Unterbringung der Tiere und der Vorräte in der Arche (s. „Arca Noë...").

Das Dankopfer nach überstandener Sintflut (s. „Arca Noë...“).

Der Stammbaum des Noah.
Nach Kirchers Darstellung besiedelten die Nachkommen des Japhet den europäischen Raum,
die Nachkommen Chams gingen nach Afrika und die Abkömmlinge des 3. Sohnes, des Sem,
wandten sich nach Asien.

Untersuchungen. 1700 Jahre nach Marcus Terentius Varro[13] (116 - 27 v.Chr.) sprach er wieder von Krankheitserregern. GROBER (103) übersetzt aus Kirchers medizinischem Hauptwerk „Scrutinium physico-medicum ... quae pestis ..." (104), das erstmals 1658 in Rom gedruckt wurde und später in Rom und Leipzig noch drei weitere Auflagen erlebte:

> „... Dass diese belebten Dünste aus unsichtbaren Lebewesen zusammengesetzt sind, erhellt aus der Menge von Würmern, die aus denselben Körpern hervorzugehen pflegt. Von diesen wachsen einige zur sichtbaren Größe aus, andere bleiben im Zustande der Unsichtbarkeit. Sie vermehren sich aber in ebenso großer Zahl, als Wesen oder Teilchen, die gar nicht zu zählen sind, in den Dünsten vorhanden sind. Und da sie ganz fein, zart und leicht sind wie Atome, so werden sie durch geringsten Lufthauch bewegt. Da sie aber eine gewisse Fähigkeit zum Ankleben besitzen, so setzen sie sich überaus leicht in den innersten Falten von Tuch, Stricken und Leinwand fest. Ja, alles Poröse, wie Holz, Knochen, Kork, sogar Neufell durchdringen sie vermöge ihrer Feinheit und legen darin neue Brutstätten für Ansteckung an ...".

Vergeblich suchte Kircher im Eiter der Pestkranken nach einem Beweis seiner Annahme, nach dem „contagium animatum", als Verursacher der Infektion ((105) u.a.). Und als er glaubte, den Erreger endlich gesehen zu haben, waren es nach Meinung von KAISER wahrscheinlich amöboide Leukozyten (100). Das verfügbare Mikroskop ließ einen Nachweis noch nicht zu. STRASSER berichtet des Weiteren von einem Fund in einer Dachkammer des Collegium Romanum. Danach habe das „Mikroskop", mit welchem Kircher arbeitete, möglicherweise überlebt. In der Linse befinde sich eine winzige Luftblase, die zur Fehldeutung Anlass gegeben haben könnte. Erst im Jahre 1894 wurde der Pestbazillus (Pasteurella pestis) unter weit besseren technischen Voraussetzungen (Weiterentwicklung des Mikroskops) gleichzeitig von dem Franzosen Alexandre J. E. Yersin und dem Japaner Shibasaburo Kitasato entdeckt (106), (107). Wenn auch bei den Überlegungen Kirchers Phantasie und Überlieferung wesentlich beteiligt waren, so ist doch anzuerkennen, dass der Gelehrte - gegen einen Wall von Unkenntnis und Aberglauben seiner Zeit[14] nach den wahren Ursachen der Seuche forschte, denen er ja auch recht nahe kam. Und so wird er wohl mit Recht als (ein) Vater der Mikrobiologie bezeichnet.

Nach KAISER (100) glaubte Kircher, den „Schlüssel zu Naturwissenschaften und Medizin durch die zu seiner Zeit noch in Blüte stehende Iatroastrologie[15] in den Händen zu haben". Die tragenden Säulen der Heilkunde seien dabei Göttlichkeit, Natur, Alchemie und Astrologie. Planetenkonstellationen im Verein mit himmlischen Influenzen trugen danach dazu bei, dass sich Makro- und Mikrokosmos in Harmonie befinden. „Der göttlich geleitete, zugleich aber auch von sideroastralen[16] Einflüssen gesteuerte Mensch steht in der Mitte des Kosmos. Mit der Gestirnswelt korrespondierende Krankheiten werden gemäß dieser Schematisierung durch magische und nichtmagische Heilmittel beeinflussbar". KAISER verweist hier auf den unübersehbaren Gegensatz zwischen den philosophischen Vorstellungen und gewonnenen Erfahrungswerten. Dennoch sei auch die Iatroastrologie zum Stimulus für neue Forschungseinrichtungen geworden (Messung von Strahlung und Magnetismus, Experimente unter mikroskopischen Bedingungen etc.).

Interessant sind auch die Gedanken Kirchers, die er in verschiedenen seiner Werke zum Zusammenhang von Medizin und Musik bzw. von Musik und Therapie äußert. Bei der Thematisierung dieses Problemfeldes ist nach KAISER (108) die bizarre Unterlegung durch Kircher die eine, die Erfahrungstatsache aber die andere Seite, der sich auch die moderne Medizin nicht mehr verschließt[17.)]

Die praktische Musiktherapie gehört heute längst zum heilpädagogischen ABC. Zur Zeit Kirchers wurde sie von einem zusätzlichen die damaligen Vorstellungen beherrschenden Phänomen beeinflusst: dem tanzprovozierenden Tarantelbiss und der Eliminierung des in den Körper eingedrungenen Giftes durch eine Heilmusik, die „Tarantella".

Kircher war überzeugt davon, dass man mit geeigneter Musik einen Menschen vom Biss der Tarantel heilen könne. „Musica sola mei superest medicinu veneni" verkündet er reklametüchtig in seinem Werk „Magnes ..." (53) (s. auch Bild) und macht sich so zum Fürsprecher einer alten Fabel, die sich noch bis in die Mitte des 19. Jahrhunderts hielt: Der Tarantelbiss, der eine Entzündung hervorruft (ähnlich dem Wespenstich), veranlasse zu einer Art Veitstanz, bei welchem die Kranken so lange tanzen müssen, bis sie erschöpft zu Boden sinken (109). Zwar ist , wie schon gesagt, die Musik als psychotherapeutisches Mittel unbestritten und auch als Mittel zur Beeinflussung gewisser somatischer Vorgänge (Blutdruck, Puls, Schweißdrüsen-sekretion) bewiesen (110), doch ist die genannte Anwendungsform praktisch wertlos.

Der Gelehrte hatte noch weitere seltsame, aus alten Überlieferungen gewachsene Vorstellungen über Musiktherapie. So schreibt er 1650 in seinem musiktheoretischen Hauptwerk, der „Musurgia universalis ..." (55), dass nur Krankheiten, die „von der schwarzen oder gelben Galle" herrühren, durch die Musik heilbar seien (25).

In einem Brief an den Herzog von Braunschweig beschreibt Kircher die Wirkung eines indischen Schlangensteins (praktisch ein Schröpfkopf), den er dem Fürsten geschenkt hatte. Im Versuch sei der Stein an die Wunde eines von einer Schlange gebissenen Hundes angehängt worden und, nachdem er das Gift herausgesogen habe, von selbst abgefallen. Wenn man ihn in einen Becher Milch lege, gebe er das Gift wieder ab. „Sollen derwegen Ihr Durchleucht gewiß seyen, dass was ich ihr von wunderbarlicher Würckung und Graft dieses Steins geschrieben hab, ist wahr gefunden worden durch vielfaeltige Experienz" (111).

Abschließend sei noch ein Aspekt zur Heilkunde genannt, der im Zusammenhang mit Kirchers akustischen Messungen bzw. Experimenten zur Schallleitung steht: Kircher wollte Gehörgeschädigten mit mechanischen Hörhilfen in Form von Hör- und Sprechtrichtern helfen und befasste sich eingehend mit deren optimaler Konstruktion (108).

3. 6. Kircher als Musikgelehrter

Der Universalgelehrte, der von seinem Vater den ersten Musikunterricht erhalten hatte, in Fulda den gregorianischen Gesang erlernte und später als Theologiestudent in Mainz einen Gesangschor leitete oder zumindest begeisterter Chorsänger war, ließ es

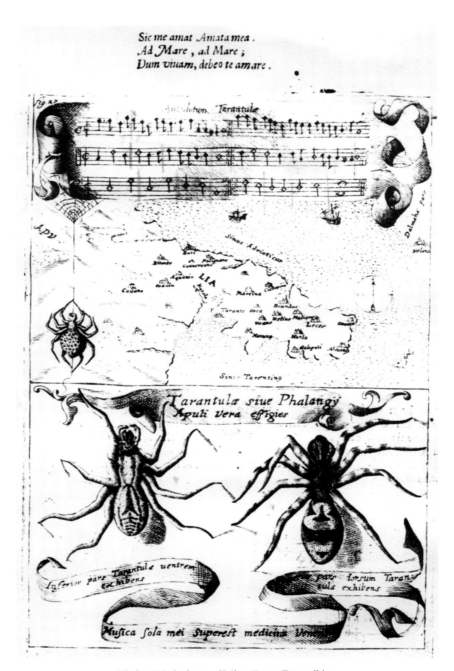

Kirchers Methode zur „Heilung" vom Tarantelbiss.

sich trotz mangelnder musikalischer Praxis nicht nehmen, auch auf dem Gebiete der Musiktheorie, die ihn wohl seit seiner Würzburger Zeit beschäftigte, eine Probe seines Wissens zu geben. So erschien 1650 seine „Musurgia universalis ...“ (55). Sie ist exemplarisch für sein ganzes Schaffen. Kircher ist hier wieder ganz der unermüdliche Sammler, der Vermittler von Wissen und der Denker in großen Dimensionen. So sollte das Werk keine Kompositionslehre im engeren Sinne, sondern eine mathematisch-philosophische Darstellung jener Materie sein. Die große Verbreitung der „Musurgia ...“ ist nicht zuletzt darauf zurückzuführen, dass sie eine Enzyklopädie der Musikwissenschaft darstellt, die in der damaligen Zeit an Totalität und Stofffülle ohne Beispiel war.

Viele Wissenschaftler, wie z. B. GODWIN (112), GOLDHAN (113), GOUK (42), KAUL (38) und vor allem SCHARLAU, ((39), (114)) befassten sich im vorigen Jahrhundert intensiv mit dem Musikgelehrten - oder besser gesagt: dem Musikschriftsteller - Athanasius Kircher. So stellt SCHARLAU fest (114):

> „... Kircher betreibt keine Naturforschung um ihrer selbst willen, sondern zur Verherrlichung des Schöpfers und zur Hinführung des Menschen zur Erkenntnis der göttlichen Vollkommenheit. Daher richtet sich Kircher in seinen Schriften nie an einen engen Kreis von Fachgelehrten, sondern an ein möglichst breites Publikum wissenschaftlich gebildeter und interessierter Laien, an den ‚lector curiosus‘. Nicht nur die Förderung der Naturwissenschaften, sondern auch der Fortschritt der Erkenntnis des Mitmenschen bestimmt Kirchers pädagogische Absichten. Die Interpretation seiner musikalischen Schriften muss daher Kirchers theologische, philosophische und naturwissenschaftliche Vorstellungen berücksichtigen. ...

> ... Die Musik erklärt Kircher für eine Naturwissenschaft. Ihr Aufbau ist in hervorragender Weise dazu geeignet, die göttlichen Gesetze der menschlichen Erkenntnis näher zu bringen, denn in der musikalischen Harmonie konkretisiert sich klanglich - und damit für den Menschen vernehmbar - die göttliche Harmonie. Somit fördert die Erforschung der Musik neben der Erkenntnis der musikalischen Phänomene selbst das Wissen um Gottes Harmonie.

> Die Musik wird für Kircher letztlich zum Mittel eines Gottesbeweises ...“.

Und er führt weiter aus (39):

> „Für Kircher ist Gott der Mittelpunkt der Weltharmonie, der große ‚Welt-Capellmeister und Music-Regierer‘... Die klingende Musik wird in einem zweifachen Bezug erkannt, einmal als göttlicher Akt und zugleich als mathematisch-physikalischer Vorgang.

> Diese doppelte Wirksamkeit der Musik wird bei Kircher zu einer zweifachen Aufgabenstellung an die Musik, sie hat das Lob Gottes zu verkünden und daneben den Menschen zu erfreuen. ... Die Musik kommt von Gott, ihre Gesetze werden vom Menschen aus der Harmonie der Natur erkannt, in ihrer klingenden Gestalt dient sie dem Lobe Gottes und kehrt so gleichsam wieder zum Ausgangspunkt zurück ...“.

Die humoristische Seite Kirchers wird auch in der Illustration verschiedener Vogelrufe deutlich: Der Gesang der Nachtigall, das Krähen des Hahns, das Gackern und der Lockruf der Henne, der Ruf des Kuckucks, das „Bikebik" der Wachtel und die weniger melodische Äußerung des auf Griechisch grüßenden Papageis (s. „Musurgia universali...").

In der mehr „irdischen" Seite beschreibt Kircher die erzieherische Funktion der Musik und formuliert eine Affektenlehre und die Theorie der „Musica pathetica", welche die menschlichen Affekte darzustellen und zu entfalten und durch die Kunst des Komponisten den Zuhörer leidenschaftlich zu erregen vermag.

Abseits von der entscheidenden musiktheoretischen Wandlung seiner Zeit, dem Übergang vom kontrapunktischen zum harmonischen Prinzip, führt Kircher andererseits in strenger Folgerichtigkeit in der Behandlung des gesamten Stoffes die Idee von der Herrschaft der Zahlenharmonie durch. Das Verhältnis von Ton und Zahl ist auch für ihn der seit Pythagoras vorherrschende Grundgedanke der Musikanschauung; im „numerus sonorus" sieht er gleichsam die Seele des Weltalls. Kircher verspricht eine „neue, wahre, zuverlässige und anschauliche Methode des Melodiesatzes", bringt jedoch nur theoretische Vorstellungen zu kontrapunktischen Kombinationen. Gleichermaßen sind seine Gedanken über das System einer „neuen Trigonometrie der Musik" und einer „neuen musarithmetischen Kunst" etwas dunkel. Mit Letzterer will er dem musikalisch Unerfahrenen ein Hilfsmittel zur vollkommenen Kenntnis des Komponierens geben.

Auf Seite 184 der „Musurgia ..." beschreibt Kircher eine sogenannte „Arca Musarithmetica". Es handelt sich um einen Kompositionsapparat, der nach STRASSER (39) auch praktisch ausgeführt und genutzt wurde und von dem noch mindesten zwei Exemplare erhalten geblieben sind, eines im Magdalene College in Cambridge und eines in der Herzog August Bibliothek in Wolfenbüttel. Zum Letzteren führt STRASSER weiter aus: „... ein Kästchen von den Dimensionen einer auf der Schmalseite stehenden Zigarrenschachtel, deren Oberseite keilförmig nach hinten ansteigt. Dieser Kompositionsapparat sollte es jedermann ermöglichen, vierstimmige Sätze zu verfassen; man brauchte dazu nur die jeweils passenden, im Kästchen wie Orgelpfeifen nach hinten länger werdenden Komponierstäbchen herauszuziehen, auf denen Kircher zu den jeweiligen Tonarten passende Zahlentabellen und auf der Rückseite die entsprechenden Rhythmen verzeichnet hatte. Das Kompositionsverfahren entspricht dem in der ‚Musurgia ...' angegebenen, nur brauchte der Besitzer eines Kästchens das Buch selbst nicht mehr zu benutzen..". Es soll zu Kirchers Zeiten „zum guten Ton" gehört haben, mit der Arca zu hantieren. Diesen Eindruck erwecken jedenfalls die vielen Bitt- und Dankesbriefe im Nachlass des Gelehrten.

Neben den Vorstellungen und Ausführungen zu tönender Algebra und der Behandlung verschiedener Absonderlichkeiten (z. B. wird ein 96-stimmiger Kanon angeführt) bringt die „Musurgia ..." aber auch sehr wertvolle Ausführungen über Instrumentenkunde (Tonerzeugung, Klangfarbe, praktische Beschreibung verschiedener Instrumente) und beweist zudem Kirchers außergewöhnliches musikhistorisches Wissen. Weiterhin erfolgt mit der Behandlung byzantinischer Neumen wohl erstmals eine externe Interpretation neugriechischer Musik.

Ein wichtiger Fund des Gelehrten ist noch erwähnenswert: die Entdeckung der phytischen Ode des Griechen Pindar, die einen der spärlichen Überreste antiker Musik darstellt. Kircher hatte sie „aus einer verschollenen Handschrift des Klosters San Salvatore in Messina kopiert und in der ‚Musurgia ...' mit einer theoretisch auf Alypius sich stützenden, allerdings rhythmisch nicht einwandfreien Übertragung in

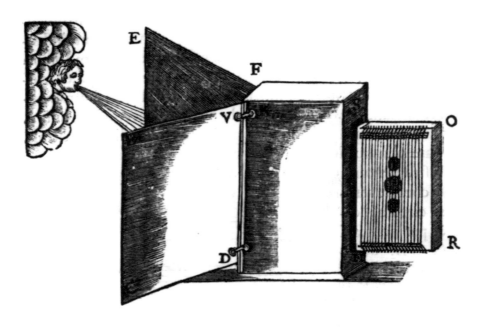

Äolsharven nach Kircher (s. „Musurgia universalis … ").

die moderne Notenschrift verlegt" (25). Über die Frage der Echtheit oder Unechtheit dieser Melodie ist in jüngerer Zeit ein scharfer Meinungsstreit entstanden[18]([15).

Weitere Werke Kirchers, die das Gebiet der Musik berühren, sind „Oedipus aegyptiacus ..." (1652 - 1654) und die bereits erwähnten „Magnes ...", „Iter extaticum ..." und „Phonurgia nova ...". Wie die „Musurgia ..." erlebte die „Phonurgia" eine erstaunliche Wertschätzung und wurde von Agathus CARION unter dem Titel „Neue Hall- und Tonkunst oder mechanische Geheimverbindung der Kunst und Natur" (68) ins Deutsche übersetzt und veröffentlicht. Kircher beschreibt darin ausführlich die sogenannte Äolsharve („Anemochord"). „Schon im Eustachius kommt die Angabe vor, dass der Wind, wenn er auf gespannte Seiten stoße, harmonische Töne erzeuge" (62). Diese Literatur mag Kircher bekannt gewesen sein, und er hat das Verdienst, die genannte Erscheinung zuerst genauer untersucht und ins Blickfeld der Wissenschaftler gebracht zu haben. Intensiv befasste er sich mit dem Bau mechanischer Musikinstrumente. Hier führte er zahlreiche Beispiele aus. Sie reichen vom automatischen Glockenspiel bis hin zur mechanischen Orgel mit Spielfiguren, die von einer hydraulisch angetriebenen Steuerwalze betätigt wird.

3. 7. Kircher als Philologe

Wie schon im Lebenslauf angedeutet, bewies Athanasius Kircher ganz erstaunliche Sprachbegabung. Neben seiner Muttersprache erwarb er sich nach und nach Kenntnisse in Lateinisch, Italienisch, Französisch, Spanisch, Griechisch, Hebräisch, Syrisch, Chaldäisch, Arabisch, Samaritanisch und Koptisch. Bei der Fülle aufgenommenen Wissens verwundert es schließlich nicht, wenn der Gelehrte an den Herzog von Braunschweig schreibt (111):

„... Ich woelt daß dieser Brieff copiret, Ihrer Durchleucht moechte zugeschickt werden: und weil ich nicht wohl oder correct Deutsch schreiben kan, wolte ich, daß Sie alles, was ubel staehet, wollen emendiren nach ihrem Gefallen ...".

Es möge hier auch nicht unerwähnt bleiben, dass die zahlreichen Briefe, die Kircher entweder selbst geschrieben oder von Gelehrten und Fürsten aller Herren Länder erhalten hat, in lateinischer, deutscher, spanischer, italienischer, französischer und arabischer Sprache und in anderen orientalischen Sprachen verfasst sind (4). Auch wurden ihm (s. o.) Lehrämter für Lateinisch, Griechisch, Hebräisch und Syrisch übertragen.

Kirchers sämtliche Werke sind in lateinischer Sprache (barockes „Mönchslatein" !) geschrieben. In seinem Spätwerk „Turris Babel ..." (115), in dem er den Mythos von der babylonischen Sprachverwirrung aufgreift, bringt er einen -allerdings unbedeutenden- Überblick über die Entstehung bzw. Entwicklung der verschiedensten Sprachen (von Skandinavien bis Afrika, von China bis Großbritannien), deren wichtigste oder geläufigste er unter Einstreuung verschiedener Wort-, Satz- und Schriftproben kurz untersucht. Teil II und III dieses Buches sollten Kirchers „Atlas Pantoglossus" („Polyglottus") bringen. Doch ließ sich diese Arbeit, die Proben von 72 Sprachen und den ihnen eigentümlichen Schriftzeichen gibt, nicht mehr im Sinne des Autors verwirklichen (4), (17).

Von zweifellos großer Bedeutung für die damalige Zeit war die erste Publikation der indischen Nagari-Schriftzeichen in Europa. Die außergewöhnlichen Kenntnisse eines

Pater Heinrich Roth (der als Missionar längere Zeit in Indien wirkte) nutzend, brachte Kircher 1667 in dem schnell berühmt gewordenen Werk „China illustrata ..." (87) unter dem Kapitel „De literis Brachmanum" Ausführungen über das so genannte Devanagari-Alphabet. Diese geläufigen indischen Schriftzeichen wurden bis dahin -wie die heilige Sanskritsprache - von den Brahmanen vor den als „unrein" betrachteten Europäern streng geheim gehalten (15). In „China illustrata ..." durften natürlich auch Ausführungen über die Schrift und Sprache der Chinesen nicht fehlen. Hier ist Kircher wohl wiederum der erste Publizist für Europa gewesen (116).

Interessant und sonderbar zugleich ist die 1663 gedruckte „Polygraphia ..." (117). Sie stellt einen der ersten Versuche zur Bildung einer Universalschrift dar. Die Arbeiten Kirchers mit diesem Themenkreis der Universalsprachen und der Kryptographie (Geheimschrift, verschlüsselter Text) gehen vor allem auf entsprechende Anfragen Kaiser Ferdinands III. zurück[19] und führten auch zu einem regen Gedankenaustausch mit Herzog August von Wolfenbüttel[20] und dem Haus Braunschweig-Lüneburg (STRASSER in (39)).

Im ersten Teil des Werkes bietet sich eine Pasigraphie (von einzelnen Sprachen unabhängiges Zeichensystem) der allgemeinen Schrift. Das Prinzip, dem sie entspringt, ist ein beziffertes Wörterbuch, ähnlich dem, welches ein gewisser Becher dem Gelehrten vorgeschlagen hatte. Kircher führt es in 5 Sprachen aus, in Lateinisch, Italienisch, Französisch, Spanisch und Deutsch.

Das Wörterbuch hat ca. 600 Wörter. Die verschiedenen Formen von Namen und Verben sind durch bestimmte Zeichen ausgedrückt. Der zweite Teil enthält eine Steganographie (Geheimschrift), von welcher DE BACKER (17) schreibt, dass sie sinnreicher sei als die des Johannes Trithemius (1462 - 1516). Im dritten Teil gibt Kircher die Konstruktion eines Kastens, der „Arca steganographia" (Steganographie-Behälter), an, mit dessen Hilfe Worte in solch „unentzifferbarer" Schrift schnell zu lesen oder zu schreiben seien. Ein Exemplar befindet sich im Anton Ulrich-Museum in Braunschweig.

Ebenso unglücklich wie außerordentlich intensiv hat Kircher an der Entzifferung der Hieroglyphen gearbeitet. Nach seinen ersten Bemühungen in Deutschland und Frankreich (s. Lebenslauf) wurde ihm ein umfangreiches arabisch - koptisches Glossar, welches Pietro della Valle (1586 - 1652) mitgebracht hatte, zur Veröffentlichung übergeben. So erhielt das gelehrte Europa mit dem „Prodromus Coptus ..." (118) im Jahre 1636 erstmals Kunde über das Koptische. Das Wichtigste und Beste, was das Buch enthält, ist nach Meinung von ERMAN (29) die erste kurze Skizze einer koptischen Sprachlehre, eine Umarbeitung ähnlicher arabischer Schriften. Kircher hoffte, über diese Sprache der alten ägyptischen Christen, die mit griechischen Schriftzeichen geschrieben wird, genauere Kenntnisse von den Hieroglyphen zu erlangen[21].

Er erkannte in ihr eine Spätform der altägyptischen Schrift. Seine Bemühungen um die Entzifferung der Hieroglyphen mussten aber erfolglos bleiben, weil er von spätantiken Überlieferungen abhängig war. Im 17. Jh. ging man immer noch, durch griechische und römische Schriftstücke verleitet, davon aus, dass die Hieroglyphenschrift eine Begriffsschrift oder symbolische Schrift gewesen sei. Und man ließ sich dabei natürlich und notwendig zu individuellem Raten verleiten (119).

Kircher konnte sich von diesen Vorstellungen ebenfalls nicht befreien. In den Hieroglyphen sah er Bilder einer ägyptischen Geheimlehre, der geheimen Priesterweisheit. Er versuchte sie mit den mystagogischen Systemen aller orientalischen Völker in Beziehung zu bringen (59). So ist in seinen zahlreichen Werken, die Anteile zur Entzifferung der Hieroglyphen bringen sollten (wie z. B. „Lingua aegyptica restituta ...“, „Obeliscus Pamphilius ...“ (85), „Oedipus aegyptiacus ...“ (120), „Obelisci aegyptiaci ...“ und „Sphinx mystagoga ...“ (121) nicht eine einzige Inschrift richtig gedeutet. Lediglich ein Zeichen ist im Ansatz zutreffend interpretiert: es ist die waagerechte Zickzacklinie des ägyptischen M für „Wasser“. So blieb die mit größtem Eifer betriebene, langjährige Forschungsarbeit, in welcher Kircher als der Fachexperte und die absolute Autorität galt, ohne das gewünschte Ergebnis. Trotzdem muss man seine Methode als geradezu genial bezeichnen. Denn Kircher wandte „eine symbolische Logik an, mittels derer er komplette Texte übersetzte, in die er alles hineinpackte, was er nach GODWIN über „ägyptische Weisheit, phoenizische Theologie, chaldäische Astrologie, hebräische Kabbala, persische Magie, pythagoreische Mathematik, griechische Theosophie, Mythologie, arabische Alchemie und lateinische Philologie“ wusste, wie er auf dem Titelblatt zum „Oedipus“ vermerkte. Seine Deutungen waren so stimmig, dass kaum jemand an ihrer Gültigkeit zweifelte ...“.

Und KÜNZEL sieht Kirchers Leistung gar als Pionierarbeit in der Computergeschichte:

> „... Was Athanasius Kircher in seiner Simulation der ägyptischen Zeichenwelten zu skizzieren vermag, ist ein antizipatorischer Vorgriff auf eine neue Dimension. Von Pascal über Leibniz bis Zuse wird der Weg zu den Elektronenrechnern führen, auf dieser Hauptstraße der Computergeschichte aber ist der Name des großen Jesuiten bisher so wenig zu finden wie derjenige des spanischen Scholastikers Raimundus Lullus, der die erste kombinationslogische Textmaschine des Abendlandes entwarf. Und dennoch gehören die beiden exotisch anmutenden Außenseiter zu den Gründungsvätern dieser Wende ins Moderne. Weil der eine die Logik als Maschine begriff und der andere erkannte, dass ein beliebiges Zeichensystem unter dem produktiven Gesichtspunkt der Simulation entwickelt werden muss, sind sie die eigentlichen Erfinder der Theorie moderner Computersysteme, wenn deren wesentliche Charakterzüge eben mit Kombinatorik und Simulation erfassbar sind ...“.

Diese in neuerer Zeit zunehmend erkannte und gewürdigte andere Forschungsebene entschädigt schließlich auch den lokalen Bewunderer des großen Gelehrten, wenn er erkennen muss, dass Athanasius Kircher nicht als „der Entzifferer der Hieroglyphen“ bezeichnet werden kann, wie es auf einem vortrefflich gestaltetem Geisaer Notgeldschein (70) zu lesen ist. Dieses Entzifferungsglück hatte ein anderer: der Franzose Jean Francois Champollion (1790 - 1832). Als im Jahre 1799 durch französische Soldaten im ehemaligen Fort Saint Julien im Nildelta der „Stein von Rosette“ gefunden wurde, konnte das Rätsel gelöst werden. Der Stein enthält ein Dekret in hieroglyphischer und in demotischer[22)] Schrift mit griechischer Übersetzung. Aufgrund der dreisprachigen Inschrift und unter anderem auch aufbauend auf den Erfahrungen Kirchers konnte Champollion gegen 1822 schließlich das Geheimnis des hieroglyphischen Schriftsystems lüften. Die „geheimen" Zeichen entpuppten sich als einfache Lautschrift mit gewöhnlichem Inhalt.

Abschließend zur Arbeit Kirchers als Sprachgelehrter soll nicht unerwähnt bleiben, dass auch sein Werk „Lingua aegyptica restituta ..." aus dem Jahre 1643 als für die ägyptische Sprachforschung unentbehrlich angesehen wird (29).

Gelegentlich wird der Gelehrte als Begründer der Ägyptologie bezeichnet. Der Würzburger Ägyptologe BEINLICH sieht Kirchers Bedeutung für die Ägyptologie so, „dass er als einer der ersten Gelehrten das Interesse der Öffentlichkeit auf Ägypten gelenkt hat und dass er auf diese Weise ein Wegbereiter der Ägyptologie gewesen ist."

3. 8. Kircher als Historiker

Großen Eifer wandte Kircher der klassischen Altertumswissenschaft zu. Hier ist sein Werk „Latium[2 3)]..." (122), das 1669 und 1671 gedruckt wurde, von einigem Wert (10), (123). Es bietet eine mit zahlreichen Ansichten und Abbildungen versehene historisch - topographische Darstellung insbesondere der Altertümer von Tibur (Tivoli). Kircher trug damit wesentlich zur Erweiterung der Kenntnis antiker Denkmäler des mittleren Italiens bei. Während seines dazu notwendigen Aufenthalts in Tivoli - der gleichzeitig zur Wiederherstellung seiner Gesundheit dienen sollte - hörte er, dass im benachbarten Gebirge die Ruinen von Empolis (eine Stadt, die Livius öfter erwähnte) zu sehen seien. Auf entsprechender Forschungswanderung fand er dabei in einer wilden Gebirgsgegend, den Prenestiner Bergen, unweit Guadagnolo eine alte, fast verfallene Kirche. Auf einer Marmortafel las er die Inschrift:

> „Dies ist der Ort der Bekehrung des hl. Eustachius, wo derselbe zwischen dem Geweih eines Hirsches ein Kruzifix erblickte. Zum Gedächtnis hat Konstantin der Große diese Kirche erbaut und Papst Sylvester I. dieselbe feierlich eingeweiht".

Dieses Erlebnis beeindruckte Kircher so, dass er sich mit großem Eifer für die Wiederherstellung des geheiligten Ortes einsetzte. Dabei entstand 1665 das Buch „Historia Eustachio-Mariana ..." (124). Kircher bekam von verschiedenen Seiten Geld und konnte so die Restauration der Kirche verwirklichen, die als Marienkirche auf dem Berg Mentorella bald darauf zu einem beliebten Wallfahrtsort wurde. Daneben baute man noch ein Haus mit 13 Zimmern für Wallfahrer und ein Kloster (125). Eine Steintreppe führt an einer Grotte vorbei zur höchsten Spitze des Felsens, der eine kleine Kapelle zu Ehren des hl. Eustachius trägt. Vor dem Hochaltar der Marienkirche liegt unter einer Marmorplatte das Herz von Athanasius Kircher (s. das Kapitel „Stationen seines Lebens"). Darauf steht geschrieben:

> „Athanasius Kirker Sac. Soc. Jes.,
> templi huius instaurator
> et sacrae quae heic quotannis celebratur
> expeditionis auctor,
> cor suum ad Arae Mariae D. N. pedes
> condi voluti.
> Obiit Roma anno MDCLXXX,
> aetatis LXXX."[2 4)]

Latina	Graeca	Hebraica	Arabica	Italica	Gallica	Hispanica	Germanica	Littera omnibus linguis communes.
Petrus	Πέτρος	בתרום	چطرس	Pietro	Pierre	Pedro	Peter	XXVII. 36. N
noster	ἡμῶν	אזור	نصر	noſtro	noſtre	nueſtro	vnſer	XXX. 21. N
amicus	φίλος	בני	صديقا	amico	amy	amigo	freunde	II. 5. N
venit	ἦλθε	בא	جا	venuto	eſt venù	à venido	iſt kommen	XXIII. 8. Ṅ
ad	πρὸς	אל	الى				zu	XXVIII. 10.
nos	ἡμᾶς	כי	الىنا	noi	nous	noſotros	vns	XXX. 20.
qui	ὃς	אשר	الذي	il quale	le quel	que	vvelcher	XXX. 22.
portauit	ἤνεγκε	הביא	يعطي	hà portato	à portè	ha trahido	hat gebracht	XVII. 29. ∩
tuas	σὰς	אנרת-		la tua	ta	vueſtrà	deinen	XXX. 28. A
litteras	γράμματα	ר	كتب	lettera	lettre	carta	brieff	XIII. 16. A
ex	ἐκ	ממי-	من	dalla	de	de	auſs	XXIX. 12.
quibus	ὧν	מה	كلت	quale	la quelle	la qual	vvelchen	XXX. 22. A
intellexi	ἐνόησα	ויבנתי	علمت	ho inteſo	ay entendu	he entiédido	ich hab verſtanden	XII. 3. ∩
tuum	σὸν	כפים-	نفس	la tua	ton	vueſtro	dein	XXX. 28. A
animum	θυμὸν	ר		intentione	intention	animo	gemüth	II. 13. A
&	καὶ	ו	و	&	&	y	vnd	XXIX. 5.
faciam	ποιήσω	אעשה	فعل	farò	ie feray	harè	vvill thun	VIII. 25. I
iuxta	κατὰ	כ		conforme	ſelon	ſegun	nach	XXIX. 20.
tuam	σὴν	רצון-	ارا	alla tua	ta	vueſtra	deinem	XXX. 28. A
voluntatem	βούλησιν	ך	كڤ	volontà.	volontè.	volontad.	vvillen.	XXIII. 40. A

Specimen reductionis octo linguarum ad vnam.

Kirchers Versuch zur Entwicklung einer Universalschrift (s. „Polygraphia ...").

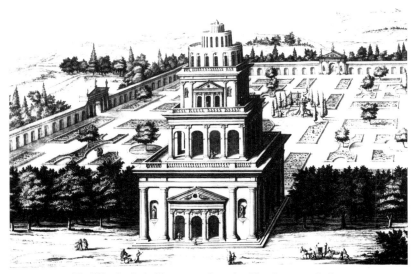

Die Villa des Quintilius varus, eines der Altertümer von Latium.

Vortitelblatt zu Kirchers Werk „Latium ...".

LOCVS CONVERSIONIS
S. Eustachij in Monte Vulturello 9.

Excellentissimo Duci *Polano* paret; Unde & tanquam à viciniori loco Ecclesia Deiparæ Eustachianæ nomen obtinuit, *La Madonna di Quadagnuolo.* Verùm cum hujus Loci histo-riam, integro libro, cui titulus est, *Historia Eustachio-Mariana,* quam uberrimè descripserimus, illuc Lectorem remittimus.

Die Bekehrung des hl. Eustachius (s. „Latium ...").   CAPUT

Die neben dem Altar noch 1976 gesehene eingerahmte Handschrift Kirchers (126), eine mit seinem Blut eigenhändig geschriebene Weihe an die hl. Maria, ist leider nicht mehr vorhanden.

Das Heiligtum von Mentorella („Santuario della Mentorella") wird seit 1857 von polnischen Resurrektionisten-Mönchen vorzüglich gepflegt. Seit 1946 wurde es auch mehrfach von dem Neupriester Karol Wojtyla aus Krakau besucht, zuletzt im Jahre 1978, 13 Tage nachdem er zum Papst gewählt wurde, als Johannes Paul II. Am 16. Oktober 2001 weilte eine Pilgergruppe aus Geisa an diesem idyllischen Ort und gedachte ihres großen Sohnes der Stadt.

Sehr intensiv hat sich Kircher mit den ägyptischen Obelisken Roms befasst. Oft war er bei der Wiedererrichtung technischer Berater für Bernini, den großen Barock-Bildhauer (s. pamphilischer Obelisk mit Vier - Ströme - Brunnen an der Piazza Navona und der von einem Elefanten getragene minervische Obelisk an der Piazza della Minerva).

In seiner eigenen Lebensbeschreibung spricht Kircher davon, dass er den in 5 Stücke zerbrochenen pamphilischen Obelisken für Papst Innozenz X. restaurierte und die sehr schwierige Aufgabe selbst zur Bewunderung seiner Gegner löste (s. auch „Obeliscus Pamphilius ...", Rom 1650). Einen ähnlichen Auftrag zu einem ägyptischen Obelisk gab Papst Alexander VII. im Jahre 1666. Kircher stellte die Restaurationszeichnungen aus Zeitmangel bereits her, als er die vierte Seite des Steins noch nicht kannte. Nach dem Ausgraben habe man feststellen können, dass alle Linien und Figuren - auch die der vierten Seite - ohne Irrtum mit dem Originale übereinstimmten (s. auch „Obeliscus Chigius ..."in „Obelisci aegyptiaci ..."; Rom 1666). Bei der nachgewiesenen Fehldeutung der Hieroglyphen (s. o.) müssten eigentlich diese Ausführungen des Gelehrten verwundern. Aber heute scheint sicher zu sein, dass es einen analog ausgelegten Obelisken als Vorlage gab (BEINLICH).

In Ehrfurcht vor allen Überlieferungen aus dem Altertum bemühte sich Kircher um wissenschaftliche Beweise zu verschiedenen Themen der Religionsgeschichte. Bis auf die wenigen bekannten Fakten bringen jedoch die Werke „Diatribe des prodigiosis crucibus ..." (Rom 1661) und die bereits erwähnten „Arca Noë ..." und „Turris Babel ..." keine neuen Erkenntnisse. „Diatribe ..." berichtet über Abdrucke von Kreuzen, die nach einem Ausbruch des Vesuvs auf Kleidungsstücken erschienen. Mit „Arca Noë ..." und „Turris Babel ..." sollte der Versuch einer sachlichen Darstellung der vollständigen Vorgeschichte der Menschheit unternommen werden. Wie die meisten seiner Zeitgenossen ging Kircher davon aus, dass die Welt nur 4053 Jahre v. Chr. erschaffen worden sei und dass 1657 Jahre danach alle Menschen bis auf die 8 auf der Arche in der allgemeinen Sintflut umgekommen seien. „Mit Hilfe der griechischen und römischen Historiker und des Alten Testaments konnte eine spekulative, aber einleuchtende Chronologie erstellt werden" (112).

Abschließend sei auch noch auf die bedeutenden geschichtlichen und missionsgeschichtlichen Ausführungen im o. g. Werk „China ... illustrata ..." verwiesen.

Am 16. Oktober 2001 besuchte eine Pilgergruppe aus Geisa
die Wallfahrtskapelle „Santuario Madre delle Grazie"
Mentorella.

Ein Teil der Pilgergruppe vor der Kapelle.

Das Innere der Kapelle, die ihren Wiederaufbau im 17. Jahrhundert
Athanasius Kircher verdankt.

Unter dieser Marmorplatte liegt Athanasius Kirchers Herz.

Erfrischend und lehrreich zugleich war die abschließende Begegnung mit dem 93-jährigen und noch immer sehr aktiven Pater Johannes Mika von den polnischen Resurrektionisten-Mönchen, die das Marienheiligtum Mentorella betreuen.

Vortitelblatt zu „Obeliscus Pamphilius ...".

Athanasius Kircher beschrieb u. a. auch den minervischen Obelisken
an der Piazza della Minerva und den pamphilischen Obelisken
an den Piazza Navona in Rom und regte deren Gestaltung mit
Sockelelefant bzw. Vier-Ströme-Brunnen an.

Der Turm von Babel (s. „Turris Babel ...").

Die Stadt Babylon (s. „Turris Babel ...“).

3. 9. Kircher als Philosoph

Die Renaissance übernahm mit mehr oder weniger Naivität die Lehren der Antike. So war man zur Zeit der Wiedergeburt der Wissenschaften (ca. 15. Jh.) bis ins 17. Jahrhundert von einer rationellen Naturkunde noch weit entfernt. Man konzentrierte sich im Wesentlichen auf eine Beschreibung der Natur, ihrer Wundererscheinungen und Wechselbeziehungen. Tiefergehende, exakte Forschung war noch selten. Kircher zeigte zwar viele Ansätze zu rationalem Denken (s. o.), doch brachte er verschiedenste Varianten von supranaturalistischer, metaphysischer und formalistischer Denkart hinzu und blieb damit ganz ein Kind seiner Zeit. Unverkennbar ist aber sein ständiges Streben, alle Vorgänge, alles Wissen im Sinne der Wissenschaftssystematik in eine allgemeingültige, weltumspannende Ordnung zu stellen.

Ausführlich hat sich in jüngerer Zeit LEINKAUF (127) mit der „Struktur der barocken Universalwissenschaft am Beispiel Athanasius Kircher" befasst. GRAFTON (128) versucht, dieser sehr umfangreichen Arbeit in wenigen Worten einige wichtige Gedanken zu entlocken:

> „... Genau wie Kepler und Mersenne, Gassendi und Peiresc, so versuchte Kircher konsequent und systematisch philologische Gelehrsamkeit mit philosophischer Spekulation, eine alte Metaphysik mit einer neuen Naturwissenschaft auf fruchtbare Weise zu verschmelzen. Seine Schriften zeugen von erstaunlicher Gelehrsamkeit und ungewöhnlichen Sprachkenntnissen .... .

> Leinkaufs Analyse basiert auf einer erstaunlich breiten Textgrundlage und trägt nicht nur zur Kircher-Forschung, sondern auch zur Geschichte der ganzen neuplatonischen Tradition viel Neues bei. Nach und nach versteht der Leser, wie nach Kirchers Meinung alles mit allem verknüpft sein musste. Ihm gelang es mit Hilfe einer raffinierten Zahlenmystik und des cusanischen Prinzips der coincidentia oppositorum, einen Beweis dafür zu liefern, dass der gesamte Kosmos eine Einheit darstellt, in der der schöpferischen Tätigkeit Gottes auf der materiellen sowie auf der spirituellen Ebene nachgespürt werden kann. Jeder Teil des Systems spiegele jeden anderen Teil wider.

> Unter Kirchers prüfendem Blick erwiesen sich die unterirdische Welt des Vulkans und die himmlische Welt der Planeten als Beispiele ein und desselben Ordnungsprinzips. Mit Hilfe dieser Annahmen vermochte es Kircher, auch die überraschendsten wissenschaftlichen und ethnologischen Entdeckungen in sein Denksystem zu integrieren ...".

Weitere Gedanken Kirchers, die allgemeinen Gesetze der Welt betreffend, wurden lange zuvor schon von WERNER (49) analysiert. Im Folgenden ist an mehreren Stellen darauf Bezug genommen:

In seinen Werken „De arte magnetica ..." und „Magneticum naturae regnum ..." versucht Kircher, die geheimnisvollen und rätselhaften Wechselbeziehungen der Naturdinge auf allgemeine kosmische Grundideen zurückzuführen. „Dem Weltall sei eine vielgestaltige Lebenskraft eingeschaffen, welche, durch Anziehung und Abstoßung wirkend, architektonische Intentionen verfolge und in der Ausführung derselben sich selbst einen Leib zu bauen und zu erhalten bestrebt sei; diese Kraft lasse sich mit Fug und Recht eine magnetische nennen." Die Harmonie der Natur entstehe aus ganz entgegengesetzten und widerstrebenden Eigenschaften der himmlischen, irdischen, geistigen oder körperlichen Dinge. Entzweiung (Widerstreit) und Einigung (Freundschaft), Abstoßung und Anziehung seien in ihrer Intensität von verschiedenen objektiven, wie auch subjektiven (seelischer Zustand, plastische Kraft der Einbildung etc.) Faktoren abhängig. Die widerstreitenden Eigenschaften werden durch Vermittlung eines Dritten miteinander verbunden, sie bedingen sich gegenseitig. „Alle durch immaterielle Ausstrahlung wirksamen Kräfte: Sternkräfte, Licht, Ton, Einbildungskraft können mit Rücksicht auf ihre anziehenden oder abstoßenden Wirkungen magnetische Kräfte genannt werden. Der Himmel übt mit allen seinen Gestirnen, vorzüglich aber durch Sonne und Mond eine magnetische Wirkung auf die Erde und alles Irdische aus; das Medium dieser Wirkung ist Licht- und Wärmestrahlung. Die Sonne ist der einigende und belebende Mittelpunkt des Alls, der allen irdischen Dingen Leben, Reife und Zeugungskraft erteilt; der Mond verursacht Ebbe und Flut und wirkt auf alles Flüssige ein; kein Kräutchen sprosst aus dem Boden, das nicht zu einem Stern in Beziehung stünde ...".

Kircher unterscheidet im Naturleben 3 Arten von Magnetismus: den mineralischen, den pflanzlichen (Verhältnis Pflanze - Gestirn oder Pflanze - Pflanze) und den tierischen (Selbsterhaltungstrieb, Bezauberung durch Blick oder krampferregende Berührung etc.).

Ähnliche Gedanken, wie in „De arte magnetica ..." und „Magneticum naturae regnum ..." äußert der Gelehrte in „Ars magna lucis et umbrae ...". „Der Mittelpunkt des sichtbaren Lichtreiches ist die Sonne als ‚Lux primigenia' und erster Lichtkörper, als sichtbares Bild der Gottheit." In der Sonne ist die letzte natürliche Ursache der Gestaltung der sichtbaren Welt enthalten. Sie spendet nicht nur Licht, Wärme und Leben, sondern trägt auch die ganze Weltarchitektonik grundhaft in sich und ist ein Hort aller Semina göttlicher Weisheit. „Es gibt sonach keine schwierige Frage der Philosophie und Theologie, welche sich nicht analogisch durch ein von der Natur und Wirksamkeit der Sonne entlehntes Bild erläutern ließe." Alle anderen Himmelskörper vermögen im Vergleich zu ihr keine merkbaren Wirkungen in der Gesamtheit des Erdenlebens hervorzubringen.

In der Erde sieht Kircher gewissermaßen das Zentrum der gesamten sichtbaren Schöpfung und die Schöpfung selber im Kleinen. In ihr sind alle Kräfte und Wirksamkeiten des Universums zusammengedrängt. Wie sie für den Menschen geschaffen ist, so ähnelt sie auch mit ihren verschiedenen Gefäßen und Behältern dessen Organisation. „Die ursprüngliche Entstehung der Erddinge erklärt Kircher aus einer, der chaotischen Erdmasse eingeschaffenen ‚vis spermatica', welche er sich als einen ‚vapor spirituosus sulphureo-salino-mercurialis' denkt; denn dieser habe die Kraft, je nach der Beschaffenheit der ‚matrix', welcher er eingegeben wird, mineralische und metallische, vegetabilische oder animalische Gebilde hervorzubringen. Diesen Samen habe Gott mit zwei Kräften ausgerüstet, welche die ‚architectrices' aller irdischen Dinge sind, mit der ‚vis plastica' und der ‚vis magnetica' ; die ‚Vis plastica' des Samens habe sich nach Gottes Willen und unter göttlicher Concurrenz so vielfach individuirt, als Gott Arten der tellurischen Dinge entstehen lassen wollte."

Den Samen sieht er als der Erdnatur eigen an, zumal die Erde nach dem Sündenfall durch das ewige Wort im Fleisch begnadet wurde (s. zu diesem allem „Mundus subterraneus ...").

Von der „Wunderkraft der Musik" im Rahmen der „Weltharmonie" spricht Kircher im Sinne der aus der Antike stammenden Affektenlehre. Entsprechendes wurde bereits im Abschnitt „Kircher als Musikgelehrter" ausgeführt. Es sei dem nur noch die Einschätzung von KAUL (25) hinzugefügt:

> „Durch das Medium des ‚spiritus animalis', aufgrund der ‚harmonischen Sympathie' werde die menschliche Seele zum Mitschwingen gebracht, und entsprechend den unterschiedlichen physikalischen Voraussetzungen von Konsonanz und Dissonanz seien Sympathie und Antipathie die psychischen Reflexe jeglichen musikalischen Geschehens ...".

In der „Ars magna sciendi..." von 1669 (129) nähert sich Kircher der Methode des Ramón Lull (Raimundus Lullus, 1232/33 - 1316), die dieser in dem Werk „Die große Kunst" („Ars magna") entwickelte. Im Titel kündigt er „universelle Methoden zur kunstvollen Verknüpfung von natürlichen Erscheinungen mit kosmischen Beziehungen" an. Erst in der heutigen Zeit wächst das Verständnis für seine Ausführungen.

3. 10. Kircher als Museologe

Zum Abschluss der Beispiele von Einzeldisziplinen soll noch Kirchers wissenschaftliche Arbeit als Sammler, insbesondere auf dem Gebiet der Altertumskunde, betrachtet werden, die unstreitig auch als besonderes Verdienst zu werten ist (s. auch (4), (18), (29), (123), (130) - (136)).

Seit Salomon waren so genannte Kuriositäten-Kabinette bekannt. Kircher war der Erste, der - nach kleineren Sammlungen von Cospi (Bologna), Moscardi (Verona) und Petarius (Paris) - ein größeres Museum gründete, dessen Inventar nicht zum Schmuck der Räume, sondern zu Studienzwecken diente. Es war die erste öffentlich zugängliche Sammlung eines wissenschaftlichen Anstalt und gleichermaßen ein Ort höfischer Demonstration und Zurschaustellung. Solche Rangerhöhung wurde erst 50 Jahre nach dem Tod des Gelehrten vom Staat am Kapitolien - Museum wiederholt. Das „Museum Kircherianum" (zuerst auch „Kirchers Galerie" genannt) befand sich im Collegium Romanum, wo es im Verlaufe seines Bestehens einige Male den Standort wechselte (130). Beim Gründungsdatum hat man sich nun auf das Jahr 1651 festgelegt. Der Name wechselte von „Musaeum Kircherianum" über „Musei Kirkeriani" und „Musei Kircheriani" bis zu „Museo Kircheriano". Es wurde mindestens siebenmal in einer größeren Katalog - Edition im Buchformat dargestellt. Dazu gibt es noch eine Menge von Sekundärliteratur.

Das Museum hatte eine Schenkung von Staatssekretär Alfonso Donnino als Grundlage benutzt. Nach Recherchen von Frau MAYER-DEUTSCH waren auch noch die um 2 Generationen älteren Instrumente-Sammlungen der Mathematik-professoren Christopher Clavius und Christopher Grienberger vom Collegium Romanum und Kirchers eigene Sammlungen eingebracht worden. Das Museum enthielt als Exponate verschiedene Naturprodukte (z. B. Versteinerungen),

Gegenstände aus allen Gebieten des menschlichen Kunstfleißes, mathematische und technische Apparate (z. B. Flaschenzug und Diabetrachter) und einige antike Gegenstände (z. B. Skulpturen, gegossene Erzmünzen Mittelitaliens etc.). Kircher konnte es noch durch eigene Forschungs- und Sammeltätigkeit und durch zahlreiche Geschenke hoher Personen erweitern. „Es wurde zum obligaten Anziehungspunkt zahlreicher Rombesucher... . Wer nicht das Museum des Collegium Romanum gesehen habe, so Kircher, könne nicht behaupten, in Rom gewesen zu sein" (130).

Dass der Gelehrte auch noch die Demonstration von Kuriositäten und Kunststücken beherrschte und nutzte, trug ihm zusätzlich die Bezeichnung „Wunder-Mann" ein. Schwebende Drachen, bewegliche Bilder (Drehtrommel) und Puppen, Beispiele für Wünschelruten, Schalleffekte und vieles mehr gehörte zu Kirchers Vorstellung.

Insbesondere durch Alfonso Bonanni und Contuccio Contucci (18. Jh.) und durch Giuseppe Marchi (19.Jh.) wurde das Museum noch bedeutend erweitert und nahm den Charakter eines Antikenkabinetts an. Im Jahre 1738 erhielt es das wertvollste Stück, die sogenannte Ficoronische Ciste (die Argonauten im Lande der Bebryker in Bithymien). Im Jahre 1870 wurde die Sammlung Staatseigentum. 1875 gab es dann einen Beschluss zur Auflösung. 1914/15 wurden die Bestände des „Museo Kircheriano" auf andere Museen[25] verteilt. So hörte die älteste Sammlung einer wissenschaftlichen Anstalt auf zu existieren, von der selbst ein ERMAN (29) lobend sagte, sie werde Kirchers Namen nicht untergehen lassen.

LO SARDO (s. 2. Kapitel) hat in seiner beeindruckenden Ausstellung „Il Museo del Mondo" („Das Museum der Welt") im Jahr 2001 mit etwa 300 Exponaten und umfangreicher Beschreibung das „Museo Kircheriano" nachdrücklich in Erinnerung gebracht ((24), (137), (138)). An dieser Stelle sei auch noch einmal an das „Museum der Museen" in Hagen und Los Angeles erinnert (s. 2. Kapitel und (139)).

3. 11. Abschließende Betrachtung

Die Ausführungen im 3. Kapitel konnten natürlich nur ein kurzer Abriss aus der Gelehrtentätigkeit Kirchers sein. In der unglaublichen Vielfalt seiner wissen-schaftlichen Beschäftigungen in unzähligen Denkanstößen und in der danach einzigartigen Verbreitung von Wissen liegt seine eigentliche bewundernswerte Leistung. Und er war nicht nur schlechthin der Vielschreiber mit phänomenalem Gedächtnis. „Das Gesamte Wirken Kirchers kreiste um ein Problem: die Einheitlichkeit der Schöpfungsordnung in Gott. Der wissenschaftlichen Begründung dieser Vorstellung galt sein ganzes Bemühen. Nur deshalb versuchte er, von vielen Seiten her diese Thematik anzugehen und zu behandeln. Seine Universalität ruhte also eigentlich in dieser genuin religiösen Fragestellung" (140). Und den Lehrer Kircher weiß wiederum Johann Wolfgang von Goethe (s. „Farbenlehre") treffend zu charakterisieren:

> „... Soviel ist gewiss, die Naturwissenschaft kommt uns durch ihn fröhlicher und heiterer entgegen, als bei keinem seiner Vorgänger...wenn Kircher auch wenig Probleme auflöst, so bringt er sie doch zur Sprache...Er hat eine leichte Fassungskraft, Bequemlichkeit und Heiterkeit in der Mitteilung" (10).

Anmerkungen zum 3. Kapitel

¹⁾ „Arithmetica integra", 1544.

²⁾ Caspar Schott wurde am 12. Februar 1608 in Königshofen geboren. Nach seiner Schulzeit trat er 1627 in den Jesuitenorden ein, studierte in Würzburg unter anderem bei Athanasius Kircher und floh mit diesem vor den Wirren des 30-jährigen Krieges nach Italien. In Palermo auf Sizilien vollendete er seine Studien und begann seine Lehrtätigkeit in den Naturwissenschaften. In den Jahren 1652-1655 war er in Rom Mitarbeiter von Athanasius Kircher. Daran anschließend ging er nach Würzburg zurück, bekam dort einen Lehrstuhl für mathematische und naturwissenschaftliche Disziplinen und entfaltete bis zu seinem Tode im Jahre 1666 eine umfangreiche und fruchtbare wissenschaftliche Tätigkeit, die sich nicht zuletzt in seinen 10 z.T. mehrbändigen Werken dokumentiert. Schott gilt neben Kircher als der bedeutendste und vielseitigste Gelehrte an der Universität Würzburg im 17. Jahrhundert. Als Vermittler naturwissenschaftlicher Erkenntnisse gelangte er zu internationalem Ruf((141), (171)).

³⁾ „Ars magnetica" in „La recreation mathematique", 1624.

⁴⁾ Das Hauptwerk von Gilbert (1544 - 1603) ist „De magnete, magnetisque...".

⁵⁾ „Zahlen und Quellen zur Geschichte der Projektionskunst und Kinematographie"; Berlin 1926.
„Christian Huygens und die Erfindung der Zauberlaterne"; Berlin 1919.

⁶⁾ Byzantin. Schriftsteller des 12. Jh.-Zonares, Tzetzes, Eustachius.

⁷⁾ Dieses Holz wurde gegen Nieren- und Blasenkrankheiten verwendet.

⁸⁾ R. Descartes: „Principia philosophiae"; Amsterdam 1644.
B. Varenius: „Geographia generalis"; Amsterdam 1650.
N. Steno: „De solido intra solidum..."; Florenz 1669.
E. Mariotte: „Traitè du mouvement des caux"; Paris 1668.

⁹⁾ Die Betrachtung von ETZEL über A. Kircher sollte 1997 im Wanderbuch „Die Rhön" des Dumont Buchverlages Köln als interessante Zusatzinformation eingebracht werden, wurde aber dann aus Gründen marktbedingten Zuschnitts nicht abgedruckt. Der Text des Manuskripts ist im Internet abrufbar (142).

¹⁰⁾ LO SARDO nennt sie die Kuppel von Pater Secchi. Gleichzeitig ist festzustellen, dass Galilei seine Entdeckungen natürlich mit Hilfe von Glaslinsen gemacht hatte. Viele Gelehrte wollten diese als „falsche Informanten des Beobachters" nicht für wissenschaftliche Geräte gelten lassen (MAREK in (39)).

¹¹⁾ Die kopernikanische Lehre von der sich um die Sonne bewegenden Erde stand auf dem Index librorum prohibitorum. Galilei wurde vorgeworfen, dass seine Theorie im Widerspruch zur Bibel stünde, da im Psalm 103 stehe, dass Josue der Sonne befohlen habe, stille zu stehen, was doch deren Fortbewegung voraussetze (143).

¹²⁾ Bei der großen Epidemie 1347 - 1350 starb ca. 1/4 der Einwohner Europas, in Erfurt kamen noch 1683 von 16896 Menschen 8790 (52%) um (142), auch nach 1615 wütete die Pest als Folge des 30-jähr. Krieges in kurzen Abständen 1625 - 1627 u. 1635 in der Rhön.

¹³⁾ „An feuchten Orten wachsen kleine Tierchen, die man nicht mit den Augen sehen kann, die mit der Luft durch Mund und in den Körper gelangen und schwere Krankheiten hervorrufen."

¹⁴⁾ Johann Baptist von Helmont (1577 - 1644) schrieb das Wesen der Pest einzig und allein der Einbildung und dem Bilde des „erschrockenen Archaei", des „Werkmeisters der Lebens-Geister" zu (84). Interessant und bezeichnend zugleich sind die von LOTH (144) beschriebenen „Belehrungen zur Pest", die die medizinische Fakultät in Erfurt 1666 herausgab. Folgende Ursachen zur Seuche sind darin angegeben:
„1. Das unerforschliche Pestgift,
2. die vorhandene Disposition (überflüssiges oder schlechtes Blut, Bewegungsmangel, Gemütszustand),
3. Diätsirrungen, schlechte Luft etc.,
4. astralische Einflüsse (böse Aspekte der Planeten und Kometen),
5. das von anderen Kranken übertragene Kontagium und
6. als Haupturacshe der über die Sünde entbrannte Zorn des gerechten Gottes."

¹⁵⁾ Iatrik = Heilkunst bzw. Heilkunde, Astrologie = Sterndeutung.

¹⁶⁾ siderisch = auf die Sterne bezogen, astral = von den Sternen herrührend

¹⁷⁾ S. auch Rèvèsz, G.: „Einführung in die Musikpsychologie", Bern 1946 und MÖLLER, H.-J. „Was macht die Musik mit den Lebensgeistern" (145).

[18] P. Maas und J. Müller-Blattau: „K i r c h e r   u n d   P i n d a r" im „H e r m e s", 70. Bd. (1935), H. 1, S. 101 ff.; Friedländer-Birtner: „K i r c h e r   o d e r   P i n d a r ?" (ebenda, S. 463 ff.); Otto Gombosi: „T h e   m e l o d y   o f   P i n d a r ` s   ‚G o l d e n   l y r e'" in der New Yorker Musikzeitschrift „T h e   M u s i k a l   Q u a r t e r l y" 26 (1940), S. 383-392.

[19] Kaiser Ferdinand III. fragte bei Kircher an, ob er eine Art „Universalsprache" vorzuschlagen vermöge, mittels der man einen wechselseitigen Schriftverkehr mit allen Völkern der Erde aufnehmen könne und inwieweit sich das von dem Würzburger Abt Trithemius vorgeschlagene kryptographische System zur Verständigung in mehreren Sprachen eigne.

[20] Herzog August, den Kircher nicht nur menschlich verehrte, sondern auch in wissenschaftlichen Fragen als ernst zu nehmenden Partner betrachtete, hat die Arbeiten des Gelehrten auch finanziell großzügig unterstützt.

[21] Mit Harapallo und Hermapion, welche geschichtlich die letzten bekannten Gelehrten waren, die Hieroglyphentexte zu übersetzen verstanden, war der Hieroglyphen-Schlüssel verlorengegangen.

[22] Ägyptische Alltagssprache vom 7. Jh. v. Chr. bis 5. Jh. nach Chr., daraus: aus der ägyptischen kursiven hieratischen Schrift entwickelte volkstümliche Gebrauchsschrift, altägyptische Schrägschrift.

[23] Latium war eine Landschaft im klassischen Italien zwischen dem Tiber und Campanien.

[24] In kurz gefasster Übersetzung:
„Athanasius Kircher, Priester der Gesellschaft Jesu ..., der diese Kirche wieder hergestellt hat, wollte sein Herz zu Füßen des Altares Mariae beigesetzt haben ..., gestorben in Rom im Jahre 1680 im Alter von 80 (!) Jahren".

[25] Es sind dies vor allem zwei römische Museen (Pigorini, Vatikanische Museen), das Ägyptologische Museum von Turin, Teile der Universität La Sapienza und das Liceo Visconti, eine der Institutionen, die heute ihren Sitz im Collegium Romanum haben (130).

4. Die Heimat

„Ich bin kein Italiener, auch kein Franzose, viel weniger Spanier: Ich stamme doch aus dem deutschen Volk, und meine Heimat ist Fulda", so schrieb Kircher 1675 an den Dänen Johann Monrath, „und dieses Volk und ich freuen uns über unsere angeborene Redlichkeit" (13). Während der letzte Teil des Satzes bei den Einheimischen gewiss Zustimmung erntet, könnte der erste Teil die Geisaer irritieren. Das ist jedoch unbegründet, denn Kircher ging hier sicherlich vom Bekanntheitsgrad aus und zum anderen von der Tatsache, dass Geisa seit dem Eintritt in die beurkundete Geschichte um 817 fuldisches Land war und auch bis 1802 zum Hochstift gehörte. Beide Städte waren gegenseitig durch enge politische, religiöse, wirtschaftliche, kulturelle und verwandtschaftliche Bindungen geprägt.

In Geisa stand Kirchers Wiege. Hier erlebte er seine Kindheitsjahre, in redlicher Familie sorgsam behütet und mit erstem Wissen ausgestattet. Hier sah er durch die großen Fenster[1] seines Vaterhauses auf das Markttreiben, auf die Händler, Gaukler und Spielleute. Hier hatte er erste Begegnungen mit dem Kleinstadtmilieu hinter der schützenden Stadtmauer. Und nach Passieren eines der beiden Tore oder der ersten Durchbrüche durch die Mauer konnte er die Fuhrwerke auf der alten Handelsstraße Fulda - Rockenstuhl - Geisa - Lengsfeld beobachten oder auch jenseits des Rasdorfer Weges den Postbetrieb auf der Frankfurt-Leipziger-Straße, der über Fulda - Hünfeld - Vacha führte, sehen. Natürlich interessierten ihn auch die Technik der Mühlen und die Arbeit der Hirten, Bauern und Waldarbeiter im Amt Rockenstuhl, die Pflege der Kulturlandschaft und nicht zuletzt die Schönheit der wild-romantischen Natur der Rhön, in der es zu jener Zeit auch noch Braunbären, Luchse und vor allem Wölfe gab.

In der Residenzstadt Fulda hingegen, die damals etwa 5000 Einwohner hatte, erlebte der junge Kircher vieles in neuen und größeren Dimensionen. Er genoss die ersten Stufen höherer Bildung und wurde sich seiner Berufung bewusst. Das Päpstliche Seminar gibt es seit 1773 mit der zeitweisen Aufhebung des Jesuitenordens und der Schließung des Fuldaer Kollegs nicht mehr (146), (147).

Fulda hat seinem berühmten Schüler ein ehrendes Andenken bewahrt. Die 1963 im Stadtteil Ziehers-Süd fertiggestellte Schule erhielt den Namen des Gelehrten. Doch kehren wir nun zu seiner Urheimat, der Vaterstadt Geisa, zurück.

Kircher hat zwar nach seiner Flucht vor den Wirren des 30-jährigen Krieges die Heimat nie wiedergesehen, er hat sie andererseits aber auch nie vergessen. Die wenigen Briefe, die er aus Geisa bzw. aus dem Fuldaer Land bekam, waren für ihn von höchstem Interesse. Die meiste Post erreichte ihn aus Fulda. Unterschiedliche Adressanten - vom Lehrer im Päpstlichen Seminar bis zum Fürstabt - schilderten ihm unter anderem die bedrückenden Verhältnisse im Hochstift. Damit war zugleich der Boden bereitet, für seine Heimat etwas Besonderes zu tun.

Im Jahre 1664 fassten endlich zwei Geisaer, Stadtpfarrer Konrad Witzel und Stadtschreiber Melchior Wiegand, den Mut, an ihren großen Landsmann nach Rom zu schreiben. Am 5. Oktober 1664 schrieb der Stadtpfarrer von Geisa und Kanonikus in Rasdorf, Konrad Witzel (Wicelius). Er berichtete Kircher zuerst über die wirtschaftlichen und kirchlichen Verhältnisse im Hochstift und informierte dann über Geisa selbst, das durch den großen (30-jährigen) Krieg, insbesondere durch dreizehn in demselben erlittene schwere Plünderungen sehr verarmt sei. Abschließend äußerte er eine besondere Bitte: „Einige ältere Leute hätten ihn gebeten, durch Kirchers Vermittlung von Papst Alexander VII. (1655 - 1667) einen Ablass für die Kapelle auf dem Gangolfiberg zu erwirken" (8).

In einem Postscriptum nannte er einige ältere Leute, die Kircher wahrscheinlich noch aus seiner Jugendzeit kannte. Es waren dies Adam Arnold, Johann Georg Harttung, der Schultheiß Hartmann Eckart und eine Köchin Namens Eckart, die sich noch gut an den jungen Athanasius erinnern konnte.

Der lateinisch abgefasste Brief ist noch unter Kirchers o. g. Briefschaften aufbewahrt (PUG IX. 272. Geisa, 5. Oktober 1664). Die Antwort aus Rom trug zwar kein Datum, muss aber umgehend erfolgt sein. Der ebenfalls lateinisch geschriebene Brief befand sich wohl im Pfarrarchiv Geisa, ist aber nicht mehr vorhanden. Eine Abschrift (151) wurde von RICHTER (8) folgendermaßen exzerpiert:

> „In seiner Antwort auf dieses Schreiben seines Heimatpfarrers spricht
> Kircher seine besondere Freude und seinen Dank für die ihm übersandten

ausführlichen Mitteilungen aus; er knüpft daran Worte des Trostes für seine Landsleute wegen der schweren Heimsuchungen seiner Vaterstadt in den vergangenen Kriegszeiten, zugleich gibt er seiner Befriedigung Ausdruck über den seelsorglichen Eifer des dortigen Pfarrers. Gern werde er dessen Wunsch erfüllen und alsbald einen Ablaß für die St. Gangolphikapelle erwirken, außerdem aber auch für die Pfarrkirche zu Geisa, in der er durch Gottes Barmherzigkeit einst die hl. Taufe empfangen habe, durch päpstliches Siegel beglaubigte Reliquien mehrerer Heiligen übersenden. Er erbittet dann noch näheren Aufschluss über zwei Punkte. Erstens fragt er: Was ist aus meiner Schwester Agnes geworden, die einst einen kalvinischen Gerber zu Vacha namens Georg Hagen geheiratet hat? Ist sie fromm und im katholischen Glauben standhaft gestorben? Wurde sie in der Pfarrkirche zu Geisa, im gemeinsamen Grabmal[2)] unserer Familie bestattet? Zweitens wünscht er genaue Auskunft über die Zeit seiner Geburt: Jahr, Monat, Tag, Stunde, worüber ohne Zweifel das Taufbuch der Pfarrei Aufschluss geben werde[3)]."

Etwa zum gleichen Zeitpunkt wie Pfarrer Konrad Witzel hatte auch Kirchers alter Schulfreund und wohl auch weitläufig Verwandter einen Brief ähnlichen Inhalts an den Gelehrten gerichtet. Als Stadtschreiber war er ebenfalls geübt in solchen Dingen und formulierte in deutscher Sprache eine ähnliche Situationsbeschreibung und ein identisches Anliegen. Kirchers Antwort wurde möglicherweise zusammen mit der Post an Witzel befördert. Sie enthält in wesentlichen Zügen den gleichen o. g. Text in deutscher Sprache. Der Brief befindet sich in der Landesbibliothek Fulda (z. Zt. ohne Signatur) und hat nach SENG (7) folgenden Wortlaut:

„Vielgeliebter Herr Vetter.
Ich hab mitt großen Freuden ewere brieff empfangen, aus welchen ich den Zustand meines Vatterlandes genugsam verstanden, und sag ich großen Dank, das sie sich gewürdiget, mir denselben zu erklären; was sie mir begehrt haben, wil ich fleißig verrichten, und sonderlich, was die andacht unter meinen Landsleuten zu erwecken wird dinstlich sein. Und thut mir leit, das sie nicht mitt solchen Bitten onlängst ersucht haben. Die Indulgens, welche sie für die Kirchen auff dem Gangolfsberg begehrt haben, sollen sie mitt nächster gelegenheit haben. Wil auch dahin bedacht seyn, das ich für die Pfarrkirchen zu Geis etliche fürnähme reliquias schicke, damit der eifer und andacht desto mehr möchte fortgepflanzt werden; und wenn ich werde in anderen Sachen dem Vatterlande dinstlich seyn, werde ich nicht underlassen, so mir wirde möglich sein, denselben alseits beyzuspringen. Ich wolt gern wissen, wie meine Schwester Agnes, zu Fach verheirathet, gestorben sey und wo sie begraben sey; und ob nicht möglickeitt sei ihren verlassenen Sohn zu Fach zum wahren glauben zu bringen. Wolt auch wissen, was mitt Hans Streben[4)], welche meine Schwester Eva zum Eheweib gehabt und seinen Söhnen vorgangen sei, ob sie noch bey leben sein, und wo sie sich heutiges Tags aufhalten. Was anlangt den Casper Heim, wil ich dran sein, das er wohl

promovirt werde. Und wan nichts anders vorfält, will ich sie gebetten haben, sie wollen mir alle alten Bekanden sonderlich in meinem Nahmen grüßen als die Herrn Hillen Eckert, Hartman Witzel, und andere noch, welche mir nicht vorstellen. Und bitte ich sie, mein in ihrem andächtigen gebett eingedenk sein. Und hiermit will ich sie in die göttliche protection befohlen haben.

Aus Rom den 7. Dec. 1664.
Meines vielgeliebten Herrn Vetter alzeit bereitter Diener
P. Athanasius Kircher.
ein sonderlichen gruß an den Herrn Vetter Joannes Hill."

Pfarrer Witzel bestätigte Kirchers Post. Sie habe seinen seelsorgerischen Eifer neu belebt. Man werde den versprochenen Ablass hoch schätzen und eifrig benutzen und die Reliquien vor dem Hochaltar der Pfarrkirche aufstellen. Witzel gab sodann dem Pater Kircher einfühlsam Auskunft über dessen Verwandten und Freunde, über noch lebende und bereits verstorbene (PUG X. 23. Geisa, 28. Januar 1665).

Kircher bemühte sich umgehend um die Einlösung seines Versprechens. Der zweite Brief an Witzel datiert vom 7. Mai 1665. Er ist gleichzeitig Begleitschreiben zu dem Geschenk aus Rom und befindet sich im Pfarrarchiv Geisa. Kircher nimmt darin Bezug auf die Übersendung der Reliquien, deren Echtheit er mit ängstlicher Sorgfalt sicherzustellen sucht. BEHLAU (4) übersetzt daraus folgendermaßen:

„... Die Namen der Heiligen, deren Reliquien ich überschicke (es waren deren vierzehn), findet ihr auf den Reliquien selbst, die in kostbaren Byssus eingehüllt sind, aufgeschrieben; ebenso liegt dabei die authentische Bescheinigung von dem Sakristan des Papstes ausgestellt. Die Kiste darf nur von dem Ortspfarrer, der eine in seiner Würde bewährte Person sein soll, oder von einem Bischof oder Abte oder dessen Vicarius geöffnet werden, und zwar in Gegenwart von mindestens vier bis fünf aus dem Kapitel gewählten Geistlichen und einem vereidigten Notar, der darüber Verhandlung aufnehmen soll ...".

RICHTER (8) bemerkt weiter aus dem o. g. Brief:

„Es seien sehr wertvolle Reliquien; ein auch höchster fürstlicher Persönlichkeiten nicht unwürdiges Geschenk. Der Stadtpfarrer von Geisa möge Sorge tragen, dass sie in feierlicher Prozession außerhalb der Stadt abgeholt und bei Entgegennahme eine Ansprache an das Volk mit Vorlesung der päpstlichen Authentik gehalten werde".

Die Reliquien wurden von Fr. Ambrosius Landuccius[5], dem Bischof von Porphyra und gleichzeitig Präfekt der apostolischen Sakristei und Assistent der päpstlichen Kapelle, aus dem Coemeterium (Kirchhof) der hl. Priscilla entnommen, in einem Kästchen eingeschlossen und versiegelt. Die Urkunde liegt heute im Pfarrarchiv in einer Mappe neben dem oben genannten Brief (148), (149). Angeheftet ist die Schenkungsurkunde Kirchers, die in der Übersetzung folgenden Wortlaut hat: „Ich Endunterzeichneter schenke kraft der mir von dem berühmten und

FR. AMBROSIVS LANDVCCIVS PATRITIVS SENENSIS,

Sacri Ord. Eremitarum D.P. Augustini, Congreg. Ilicetanæ in Tuscia, Dei, & Apost. Sedis gratiâ Episcopus Porphyrienfis, Sacrarij Apostolici Præfectus, & Cappellæ Pontificiæ Assistens.

Mittibus, & singulis præsentes litteras nostras lecturis fidem indubiam facimus, qualiter ad maiorem Omnipotentis Dei, Sanctorumque fuorum gloriam, facras Reliquias per nos extractas è Cœmeterio *........* , & inclusas cistula subtili funiculis ligata, nostroq; paruo Sigillo munitas, ad effectum apud se retinendi, alteri donandi, extra Vrbem mittendi, & in qualibet Ecclesia, vel Oratorio publicè fidelium pietati collocandis, ac exponendis, dedimus, & consignauimus *.......*

In quorum fidem, has præsentes litteras manu nostrâ, Sigillo firmatas, per infrascriptum nostrum Secretarium expediri iussimus. Dat. Romæ ex ædibus nostris in Vaticano. Die 6 Mensis *......* Anno *1755*.

Urkunde des Fr. Ambrosius Landuccius.

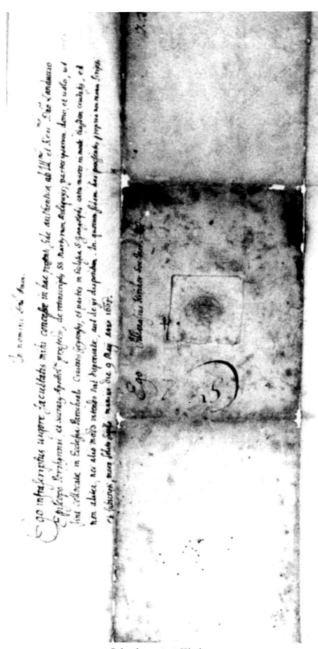

Schenkungstext Kirchers.
Begleitbrief zur Übersendung der Reliquien.

ehrwürdigen Herrn Landuccius, Bischof von Porphyra und Präfekten der apostolischen Sakristei verliehenen Fähigkeit in dieser gegenwärtigen, urschriftlichen Beglaubigung von den umseitig verzeichneten Reliquien der hl. Märtyrer Teile derselben und will, dass sie in der Pfarrkirche der Stadt Geisa aufgestellt sind und Teile in der St. Gangolfskapelle außerhalb der Mauern auf dem Berge ebenderselben Stadt, und ich beabsichtige nicht anders und auf keine andere Weise, dass sie verteilt bleiben, wenn nicht anders über sie verfügt wird. Zu Treuen dessen (zu ihrer Beglaubigung) habe ich diesen gegenwärtigen Brief mit meiner eigenen Hand unterschrieben und mit meinem gewohnten Siegel bekräftigt.

Am 9. Mai des Jahres 1665

Ich Athanasius Kircher von der Gesellschaft Jesu."

Die Reliquien wurden von dem Boten Hermann Kauffman von Rom nach Fulda gebracht. In Fulda erfolgte am 15. Juni 1665 in der Schlosskapelle St. Katharina durch Fürstabt Joachim von Gravenegg im Beisein des „in heiligen Angelegenheiten kraft apostolischer und kaiserlicher Machtbefugnis vereidigten Notars" Johannes Peter Rabich (Joannes Petrus Rabich), des Geisaer Pfarrers Konrad Witzel (Conradus Wicelius) und vier besonders glaubwürdiger Zeugen[6] die Überprüfung des kostbaren Geschenks[7]. Es wurde ein Protokoll angefertigt, das sich im Geisaer Stadtarchiv befindet (150).

Das Kästchen enthielt im einzelnen:

- die sorgfältig eingewickelten und beschrifteten Teile der Gebeine von 14 heiligen Märtyrern Roms[8] (die am 5. Mai 1665 ausgefertigte Authentik ist ausgestellt von o.g. Ambrosius Landuccuis),
- eine Kapsel mit dem Ablassbreve von Papst Alexander VII. (ausgestellt am 17. April 1665) und
- die Urkunden von Landuccius und Kircher (s.o.).

Kircher hatte der Sendung auch noch 4 Rosenkränze beigefügt. Sie waren für Simon Hill, Melchior Wiegand, den Schultheißen Hartmann Eckart und für den Stadtpfarrer selbst bestimmt. „Diese Rosenkränze seien gleichfalls höchst wertvoll, weil den einzelnen Körnern Reliquien eingefügt seien. Er habe dieselben zuerst bestimmten Fürsten dedizieren wollen, aus besonderer Liebe zu seinen Landsleuten sie aber nun diesen zugewandt"(8). Die 14 Nothelfer der St. Gangolfskapelle[9] sollten nach Kirchers Vorstellung durch die 14 römischen Heiligen himmlische Fürbittfreunde erhalten (149). Vielleicht war dabei auch eine Aufwertung gegenüber der Verehrung der 14 Nothelfer am Gehilfersberg des Nachbarortes Rasdorf gedacht.

Das Ablassbreve verlieh für die Dauer von 7 Jahren allen, die am Feste Mariä Himmelfahrt, 15. August, nach würdiger Beichte und Kommunion die St. Gangolfskapelle besuchten und dort für bestimmte Anliegen der Kirche beteten, einen vollkommenen Ablass; außerdem einmal in jeder Woche einen Ablass von 100 Tagen denen, die in jener Kapelle die Litanei der allerseligsten Jungfrau andächtig sangen oder rezitierten. Das Original befindet sich jetzt im Archiv des Bischöflichen Generalvikariats zu Fulda.

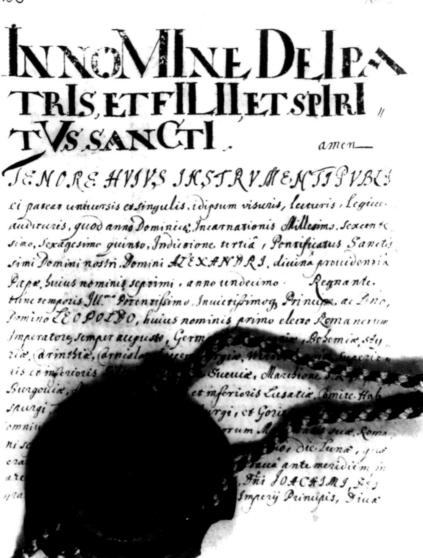

INNOMINE DEIPA
TRIS, ET FILII, ET SPIRI
TVS SANCTI.

amen

TENORE HVIVS INSTRVMENTI PVBLI

ci pateat uniuersis et singulis, idipsum visuris, lecturis, legituris
audituris, quod anno Dominicæ Incarnationis Millesimo, Sexcente-
simo, Sexagesimo quinto, Indictione tertiâ, Pontificatus Sanctis-
simi Domini nostri Domini ALEXANDRI, diuina prouidentia
Papæ, huius nominis septimi, anno undecimo. Regnante.
t線ine temporis Ill.mo Potentissimo, Inuictissimoq; Principe, ac Dno,
Domino LEOPOLDO, huius nominis primo electo Romanorum
Imperatore, semper augusto, Germ........... Bohemiæ, Sty-
riæ, Carinthiæ, Carniola.................., ... Superior-
ris et inferioris .... Sueuiæ, Marchione ...
Burgoliæ, ... et inferioris Lusatiæ, comite Hab
spurgi, ... urgi, et Gorit........
omnium ....orum M............uia Roma-
ni .... die Lunæ, ...
era ....aua ante meridiem in
are .... Dni JOACHIMI Fr..
spa .... Imperij Principis, Dinæ

Urkunde des Johannes Peter Rabich.

Am 22. Juni 1665 bedankte sich Pfarrer Witzel geradezu euphorisch bei Pater Kircher und beschrieb die feierliche Einsetzung. Der Brief wird in Rom aufbewahrt (PUG VIII. 41 Geisa, 22. Juni 1665). Auch der Entwurf dazu ist noch erhalten geblieben (Pfarrarchiv Geisa). Nach Überprüfung des Inhaltes wurde das Kästchen wieder verschlossen und mit dem Siegel des Fürstabtes versehen. Es blieb bis zum 25. Juni in der Schlosskapelle. Die Fuldaer Benediktinerinnen schmückten es mit kostbarem Stoff.

In Fulda war es Brauch, dass am Feste des hl. Jakobus (25. Juli) zu Ehren der hl. Anna (26. Juli) eine feierliche Prozession zum Gehilfersberg („Gehülfersberg"), dem Berg der 14 Nothelfer, veranstaltet wurde. Diesmal trugen 2 Priester gleichzeitig den Reliquienschrein mit, und man bewahrte ihn bis zum 10. August in der Sakristei der Rasdorfer Stiftskirche auf.

Am Laurentiustag (10. August) sollte die feierliche Überführung nach Geisa erfolgen. Es ist in den Turbulenzen der heutigen Zeit kaum nachzuempfinden, welche ekstatische Begeisterung dieses Ereignis zeugte. Freude, ja Entzücken und Bewunderung erfüllten die Stadt Geisa, das ganze Amt Rockenstuhl und die benachbarten Gemeinden. Wahrscheinlich ist weder vorher noch nachher so viel Volk im Bereich der Stadtpfarrkirche zusammengeströmt.

Frantz Anton ARND, „Pfarrer zu Geyß und Canonico zu Raßdorff", hat im Jahre 1766 anhand der Aufzeichnungen und mündlichen Überlieferungen aus 1665 die Feierlichkeiten beschrieben. Sein handschriftlicher Bericht (151) befindet sich in der Landesbibliothek in Fulda (Katalog Nr. B 104). RICHTER (152) betrachtet diesen als ein „interessantes Kulturbild aus der zweiten Hälfte des 17. Jahrhunderts und zugleich beachtenswertes Gegenstück zu so manchen Heiligentranslationen des frühen Mittelalters". Das Ereignis soll hier in Kurzfassung beschrieben werden:

> Nach 2 Stillmessen früh um 4.00 Uhr in Geisa ging es mit der „neuen Damastfahnen" nach Rasdorf, wo der Pfarrer von Borsch ein „still Amt" zelebrierte. Dann erfolgte die Aufstellung zur Prozession. „Nach gehaltenem Amt seÿnd die Rasdorffer neben anderen benachbahrten in einer langen schönen Ordnung ihrer Fahnen nachgegangen. Nach diesem seÿnd mit ihrer neuen Fahnen gefolgt die Geÿser;" zuerst „die Schühler, die Jungengesellen, die Mannspersonen in einer feinen Ordnung ... Nach ihnen giengen die Musicanden mitt Zincken und Posaunen, jubilirten. Zweÿ Pfarrherrn, R.D. (Gottschalko Koch) in Bors und R.D. Joannes Jacobus Fleck in Schleyd, trugen in einem schön mit rothem Doppel-Daffent (Satin?) bedeckten Sarck die fein eingefaßten Reliquien. Neben dem Sarck gingen zweÿ mitt brennenden Fackeln, diese begleideten die Rastorffer Musicanden auf beyden Seithen. Dem Sarck folgten Pfarrer zu Geÿs (R. D. Konradus Witzel) cum R. D`ne Joanne Casparo Pfaff, Canonico et Parocho in Rastorff, die zweÿ ex Societate Jesu (R.P. Carolus Ultsch et R.M. Franciscus Reutter, Theologus), Pater et magister, Herr Amts-Verweser (Georg Christoph Ziegler), Herr Bau- und Bürgermeister (Hartmann Eckart) und ein ehrbarer Rath neben noch etlichen Bürgern in einer langen Ordnung. Das Weibs-Volk, jung, alt, klein, groß, sungen und betteden ihre Rosenkräntze."

Wie schon in Rasdorf wurde der Zug auch in Geisa von dem Schützenkorps begrüßt.

Die vier Reliquienschreine mit Gebeinen von 14 hl. Märtyrern Roms
befinden sich in der Geisaer Stadtpfarrkirche.

Und acht „schön gezierte Engel" standen Spalier. Die Geisaer „Musquetirer" gaben mehrfach Salve aus ihren Büchsen ab, die Rasdorfer antworteten und auf-dem Untertor wurde eine „Doppelhacke" losgebrannt. So bewegte sich der Zug unter Glockenläuten, Gewehrsalven, Blasmusik und Gesang mit dem „Heiligtumb" durch die Menge der Gläubigen in die Stadtpfarrkirche. Vor dem Chor war ein „Theatrum" aufgebaut, auf das man zunächst das „Särcklein" stellte. Es folgte ein feierliches Hochamt am Hochaltar, gehalten von R.D. Joanne Casparo Pfaff und gleichzeitig eine stille Messe am Altar St. Sebastiani. Unter dem Amt wurde das Heiligtum auf einen kleinen Altar im Chor gesetzt und dem jubelnden Volk gezeigt. Die „Engel" begrüßten es, Knaben der „Geysischen Schuhl" trugen Verse vor und die Musikanten „jubilirten". Die Predigt hielt R.P. Ultsch. Und er lobte die Stadt nach dem Spruch Christi „Und du Betlehem bist nicht die geringste ...".

Danach wurde „die päbstliche Bull verteutscht", der Ablass verkündet. Es folgte das „Te Deum laudamus". Mit dem „Hymno Pange Lingua", der Benediction und dem Opfer - vorneweg der „ehrbare Rath" - klang die großartige Feier aus. Das Heiligtum wurde zum Abschluss von Geistlichen auf den hohen Altar getragen.

Der Inhalt des als „Sarck" und „Heiligtum" bezeichneten Kästchens wurde später auf 4 Reliquienschreine aufgeteilt. Es ist nicht bekannt, wann das genau geschehen ist (die Ausführung deutet auf das 18. Jh. hin). Des Weiteren gab es mehrere Standorte in z.T. unbekannten Zeitabschnitten. Bis zu Mariä Himmelfahrt (Würzweih) blieben die Reliquien in der Stadtpfarrkirche, dann kamen sie zunächst in die St. Gangolfskapelle (im Volksmund „Gangolfikapelle"), wurden darauf je zur Hälfte auf beide Kirchen verteilt, um später wieder ihren endgültigen Standort in der Sakristei der Stadtpfarrkirche einzunehmen. Nur an katholischen Hochfesten waren sie am Hochaltar bzw. bis gegen 1960 auch an den Seitenaltären zu sehen. Eine von Prälat Wehner zeitweise ins Auge gefasste Umsetzung in die St. Gangolfskapelle wurde aus Sicherheitsgründen nicht realisiert.

Nach seinem Tode lebte Athanasius Kircher in der Erinnerung der Geisaer Bürger fort. Bereits über 2 Jahrzehnte zuvor hatte man erwogen, ihm, in welcher Form auch immer, später ein Denkmal zu errichten. Und so schrieb 1659 der Jesuitenpater Andreas Wiegand, Vetter des o.g. Melchior Wiegand, aus Worms an Kircher: ...

> „Dann bin ich auch selbst nach Geisa gegangen, wo alle Bürger sich wegen Ew. Hochwürden beglückwünschen, und schon darauf sinnen, einst nach Ihrem Tode ich weiß nicht was für Ihr Andenken bei der Nachwelt zu tun" (8).

Mit den Reliquien hatte sich Kircher nun selbst eine Art Denkmal bei seinen Landsleuten gesetzt. Man ließ es wohl dabei auch bewenden und pflegte das Andenken an den großen Sohn der Stadt durch die Verehrung des Inhalts der 4 Schreine.

Bis in die Hälfte des 19. Jahrhunderts wurde auch noch voll Stolz das Geburtshaus des Gelehrten gezeigt. BEHLAU (4) führt hierzu eine Notiz aus dem Jahre 1735 an. Im Jahre 1858 wurde es jedoch im verheerenden Brand der Oberstadt zerstört. An seiner Stelle steht jetzt ein Gebäude (Marktplatz Nr.31), das lange Zeit als Spritzenhaus der Feuerwehr diente. Im Jahre 1964 hat man hier eine Gedenktafel angebracht.

Gemäß einer Inventurüberprüfung des Rathauses soll es im Jahre 1849 im

Dienstzimmer des Bürgermeisters „ein Ölgemälde, Athanasius Kircher vorstellend", gegeben haben. Das muss dem großen Brand der Oberstadt im Jahre 1858 zum Opfer gefallen sein. Damals wurde auch das Rathausgebäude, ein Fachwerkbau, mit nahezu sämtlichen Akten ein Raub der Flammen. Irgendwelche Ehrungen Kirchers von Seiten der Gemeinde sind deshalb im Stadtarchiv vor 1858 nicht nachzuweisen. Aber auch zum 200. Todestag im Jahre 1880 sind in den Ratsprotokollen keine entsprechenden Aktivitäten zu erkennen. Im Inventarverzeichnis vom 1. Januar 1886 tauchen dann plötzlich „1 Porträt Athanasius Kircher und 16 Bücher desselben" auf. Die 16 ist später durchgestrichen und auf 17 korrigiert. Das scheint darin begründet, dass in einem der Bücher 2 Werke Kirchers („Sphinx mystagoga ..." und „Latium ...") zusammengefasst sind. Die ehemalige Stadträtin Elisabeth Hollenbach-Dobbertin schrieb 1975:

> „Zwölf solcher in dickes Leder gebundenen Folianten mit prachtvollen Kupferstichen schenkte Rom der Stadt Geisa als seiner Vaterstadt.. ." (153).

Der Schenkungsvorgang ist leider nicht dokumentiert, auch werden in der o.g. Inventur die Einzeltitel nicht genannt. So kann nur gemutmaßt werden, dass die Differenz zwischen 17 und 12 genannten Kircherbüchern bzw. Titeln durch eine fälschliche Einordnung der 5 vorhandenen Schannat-Bände (Geschichte des Hochstifts Fulda) zustande kam.

Als verschiedene Biografen in der 2. Hälfte des 19. Jahrhunderts an den großen Gelehrten erinnerten, als das Buchgeschenk (s.o.) eintraf und sogar das weimarische Lesebuch (6) 1884 zwei interessante Aufsätze über Athanasius Kircher brachte, wollten die Bürger von Geisa nicht zurückstehen. Nach überstandener Notzeit (ein zweiter Großbrand hatte 1883 einen großen Teil der Unterstadt in Schutt und Asche gelegt) wurde am 16.1.1900 ein „Komitee zum Bau eines Athanasius-Kircher-Denkmals" gegründet, worüber eine Akte ausführlich berichtet (150). Groß waren die Vorsätze, doch wie so oft fehlten das Geld und vielleicht auch die Einigkeit und Treue zur Sache. Schon wurden von zwei Berliner Bildhauern Angebote gemacht, doch der damalige Dechant Hagemann riet, mit Rücksicht auf die finanzielle Lage der Stadt nur eine Gedenktafel anfertigen zu lassen. Dr. Adam Josef Kiel, Mitglied des Gemeinderats und Landtagsabgeordneter, der sich nur schwer mit einer solchen Lösung abfinden konnte, wurde mit einem Kostenanschlag beauftragt.

Denkmal oder Gedenktafel sollten bis zur 300. Wiederkehr des Geburtstages von Athanasius Kircher, am 2. Mai 1902, eingeweiht werden. Doch im Für und Wider der Sitzungen kam der Termin bereits so nahe, dass eine Realisierung des Vorhabens nicht mehr möglich war[10]. So wurde denn am 29. April 1902 im Rahmen einer kleinen Feier zum 300. Geburtstag des Gelehrten vom Geisaer Gemeinderat beschlossen, einen Teil der Hauptstraße der Stadt, und zwar vom Hause des Kaufmanns J. Freudenthal (Südende des Marktplatzes) bis zur Gastwirtschaft des M.H. Bettmann (s. „Rhönlust", am Abzweig „Großer Geisrain") in „Athanasius-Kircher-Straße" umzubenennen. Auch war man froh, als im Juli 1902 ein Geschenk von Pfarrer Breitung[11] aus Hilders eintraf: die großformatige Reproduktion des in einigen Werken Kirchers abgebildeten Kupferstichs[12] „P. Athanasius Kircherus Fuldensis ... 1664[13] (s. auch (154) und (155)). Das Bild wurde mit großer Freude entgegengenommen und erhielt einen Ehrenplatz. Der Fuldaer Geschichtsverein veranstaltete anlässlich des 300. Geburtstages von

Geisas Athanasius-Kircher-Straße im Jahr 2002.

Geisaer Notgeldscheine

Geisaer Notgeldscheine

Athanasius Kircher eine besondere Feier. Unter anderem wurden Vorträge von Prof. Dr. Leimbach (Domdechant in Fulda) und dem o. g. Dr. Kiel (156) gehalten. Der Gedanke zu einem Denkmal wurde bald erneut aufgegriffen. Man zog auch die Universität München zu Rate, die den Gelehrten mit einem im Treppenhaus befindlichen überlebensgroßen Bild[14] ehrte. Ein Dr. Süssenguth äußerte sich daraufhin 1915 sehr lobend über den Sohn unserer Stadt, hieß ihn eines Denkmals würdig und schlug vor, den Fuldaer Geschichtsverein für diese Angelegenheit zu interessieren. Er verwies auch darauf, welchen hervorragenden Platz der Gelehrte im Deutschen Museum in München einnehme. Leider durchkreuzte der Krieg weitere Pläne.

Im Jahre 1921 musste die Stadt Geisa Notgeldscheine drucken lassen (s. dazu die Anmerkungen im 3. Kapitel). Neben Darstellungen des Ortes wurde auch Athanasius Kircher mehrfach abgebildet. Von den 9 gedruckten Scheinen erinnern 4 an den Gelehrten und Akzente seiner wissenschaftlichen Arbeit. Der künstlerische Entwurf stammt von dem Würzburger Bildhauer Heinz Schiestl.

Als mit dem Jahre 1930 die 250. Wiederkehr des Todestages von Athanasius Kircher herannahte, hatte man sich in Geisa einiges vorgenommen. Gemeindevorstand, Männergesangverein, Musikkapelle, Rhönklub, Lateinschule und viele andere beteiligten sich an den Vorbereitungen zu einer großen Gedächtnisfeier im Lindenhofsaal. Diese fand dann auch am 30.11.1930 statt. Die „Fuldaer Zeitung" (157) und die „Thüringer Volkswacht" (158) berichteten ausführlich darüber:

„Das Programm war so reichhaltig, dass es zu vorgerückter Stunde gekürzt werden musste. Der Zudrang zur Feier, die von Seiten der Stadt veranstaltet wurde, war so gewaltig, dass Späterkommende keinen Einlass mehr in den Saal fanden (158).

Nach der Begrüßung durch Bürgermeister Hohmann und musikalischen Heimatklängen spielten Lateinschüler den Einakter „Des Wissens Last - des Forschers Bürde". Es folgte die Festansprache des Zahnarztes Dr. Josef Günther und danach ein 4-aktiges Spiel aus der Zeit der Christenverfolgung. Stadtratsvorsitzender Vogt bedankte sich bei den Mitwirkenden für den hervorragend gelungenen Abend.

Nach den Schrecken des zweiten Weltkrieges fand sich wieder ein kleines Häuflein Heimatverbundener, allen voran die Stadträtin Elisabeth Hollenbach-Dobbertin. Bald reifte der Gedanke, ein Heimatmuseum aufzubauen. Athanasius Kircher sollte darin ganz besonders berücksichtigt werden, und die Entdeckung der 12 wertvollen Werke (s.o.) des Gelehrten im Kassenschrank des Rathauses zwischen verstaubten Akten durch Frau Dobbertin gab dazu eine gute Grundlage. Die Gründung des Museums erfolgte dank der leider schon verstorbenen Initiatoren Dobbertin, Franz-Adolf Krebs und Möller im August 1953 (1). Erster Museumsleiter wurde Gustav Möller (Gastwirt und Fotograf), der sofort um einen Ausbau der Kircherabteilung bemüht war. Seinem Eifer und der Arbeit der „Natur- und Heimatfreunde" (Sektion der Ortsgruppe des Kulturbundes) ist es zu danken, dass 1954 endlich ein Denkmal für den größten Sohn der Stadt Geisa aufgestellt wurde. Es besteht aus einem ca. 50 Zentner schweren Basaltblock der mit viel Mühe von der Sachsenburg geholt wurde und in den eine eiserne Gedenktafel eingelassen ist. Das Modell für Relief und Inschrift schuf der Bildhauer Bruno Eyermann aus Bad Berka. Den Eisenguß stellte die Kunstgießerei in

Das Athanasius-Kircher-Denkmal
- eine Geschichte in 14 Bildern

Nach dem Wiegen kurze Rast beim Gasthaus Krone.

Mit vereinten Kräften wird der ca. 50 Zentner schwere Basaltblock abgeladen.

Ein Prost auf die gelungene Aktion.

Und noch ein Erinnerungsbild.

Große Feierstunde am 24. Oktober 1954.
Einer der Redner ist Bürgermeister Josef Wolf.

Die Bevölkerung nimmt regen Anteil.

Die Geisaer vor knapp 50 Jahren.

Aufmerksame Zuhörer.

Die Enthüllung des Denkmals ist vollzogen
(v. l.: Bürgermeister Josef Wolf, ein Vertreter der Bezirksleitung des Kulturbundes und Philipp Rohm).

Am 26. September 1965 gedachten die Geisaer der Überführung
der Reliquien vor 300 Jahren.

Das Athanasius-Kircher-Denkmal im Jahr 2002.

Eine Gedenktafel für den Ort, an dem einst das Kircher-Haus stand.

Der Standort im Jahr 2002.

Lauchhammer her. Durch zahlreiche Spenden aus der Geisaer Bevölkerung und 682 freiwillige Arbeitsstunden war es schließlich möglich, am 24. Oktober 1954 die feierliche Einweihung des Athanasius- Kircher-Denkmals vorzunehmen (s. Bilder). Am 26.9.1965 gedachte die Bevölkerung von Geisa des Tages, an dem vor 300 Jahren die Reliquien (s.o) nach Geisa überführt wurden. Am Kircher-Denkmal fanden sich einige Bürger zu einer schlichten Feierstunde, die nach kurzer Ansprache von Museumsleiter Möller durch Lieder des Gesangsvereins „Cäcilia" verschönt wurde. Später fand in der St. Gangolfskapelle ein feierliches Levitenamt statt, in dem der Vertreter des Weihbischofs, Prälat Dr. Wenzel, die Festrede hielt (159).

Die 1150-Jahrfeier im Jahre 1967 bot wieder einen guten Anlass, des großen Sohnes der Stadt zu gedenken. Auf die Festschrift (160) wurde bereits im Vorwort verwiesen. Im Festprogramm gab es auch ein Athanasius-Kircher-Forum, und Bild Nr. 9 des Festzuges vom 11. Juni zeigte eine prächtige Darstellung des Gelehrten (s. (1), Seite 54 und (161)). Auch der „Heimatkreis Geisaer Amt" im Westen Deutschlands ließ eine Festschrift drucken und gedachte darin des großen Landsmanns (162).

In den folgenden Jahren bekam das Geisaer Land immer empfindlicher zu spüren, was es bedeutete, Teil des Grenz- und Sperrgebietes der DDR zur Bundesrepublik zu sein (1). Museumstourismus war in diesem Bereich nicht erwünscht, und so kam es, dass das seit 1969 von Alexander Henning betreute Heimatmuseum im Jahre 1976 ganz geschlossen werden musste. Die Heimatfreunde konnten das Jubiläum „25 Jahre Athanasius-Kircher-Denkmal" nur noch halboffiziell begehen. Und die Feierlich-keiten zum 300. Todestag von Athanasius Kircher sollten nach dem Willen des Vorsitzenden des Rates des Kreises und der Abt. Kultur beim Rat des Kreises gar nicht erst stattfinden. Der katholischen Pfarrgemeinde konnte man das festliche Hochamt, in welchem Rat Schröder über das Leben und Wirken des großen Sohnes der Stadt Geisa sprach, schlecht verbieten. Doch Bürgermeister Rudolf Heller sollte seine Einladung zur „Gedenkveranstaltung am Athanasius-Kircher-Gedenkstein" zurücknehmen - was dieser aber nicht tat. Es ging noch einmal gut, und die Chorgemeinschaft umrahmte die kurze Ansprache zur Gedenkfeier mit passenden Liedern. Eine Zeitungsberichterstattung gab es nicht ...

1979-81 wurde durch die katholische Pfarrgemeinde auf den Grundmauern der ehemaligen Bischöflichen Lateinschule mit westlicher Unterstützung (Devisen!) ein Pfarrheim mit Kindergarten errichtet. Am 15. Februar 1981 war Einweihung. Das Gebäude erhielt den Namen Athanasius-Kircher Haus. Unter Beteiligung von Kirchenchor (praktisch identisch mit dem Volkschor „Chorgemeinschaft Geisa") und Geisaer Blaskapelle und verschiedener Würdenträger nahm der Erfurter Bischof Dr. Joachim Wanke die Einweihung vor. Auch hier hatte Gustav Möller eine Gedenktafel vorgeschlagen. Da er jedoch schon 1979 verstorben war, setzte sein Sohn Dieter den Gedanken in die Tat um, beauftragte den Künstler und Bildhauer Baldur Schönfelder aus Ostberlin mit der Anfertigung des Modells und die Kunstgießerei in Lauchhammer mit der Herstellung der Bronzeplatte. Das Modell wurde von Familie Möller gestiftet. Die Kosten für das Bronzerelief übernahm die Pfarrgemeinde. Die Enthüllung erfolgte am 10. Juni 1984.

Während 1964 Prof. Dr. John FLECHTER aus Sydney keine Genehmigung zum

Am 10. Juni 1984 war feierliche Enthüllung der Gedenktafel am Athanasius-Kircher-Haus. Der Geistliche Rat Adelbert Schröter hielt die Festrede.

Dieter Möller nahm als Initiator die Enthüllung vor.

Viele Bürger nahmen an der Feierstunde teil.

Das Bronzerelief des Bildhauers Baldur Schönfelder mit dem Portrait von
Athanasius Kircher, der Laterna magica und dem Bild der Sonne
von Christoph Scheiner.

Dr. Fletcher durfte 1964 nicht nach Geisa ins Sperrgebiet.
Man traf sich mit ihm in Bad Salzungen (v. l.: J. Fletcher, Gustav Möller,
Gisela Wächtersbach):

Teil der Kircher-Ausstellung im Heimatmuseum Geisa 2002.

Am 12. Mai 2000
wurde der „Historische Lehrpfad
Geisa-Rockenstuhl" eröffnet.
Station Nr. 2 ist das
Athanasius-Kircher-Denkmal.

Besuch von Kirchers Geburtsort erhielt, schaffte das 1984 Prof. Dr. Fred BRAUEN aus New York. (Die DDR war inzwischen Mitglied der UNESCO geworden und hatte 1975 die KSZE-Schlussakte unterschrieben. Das führte nach vorsichtiger Anpassung Anfang der achtziger Jahre zu einer neuen Einschätzung der vorgenannten Situation.) Begleiter mit entsprechender „Direktive" war Prof. Dr. Erich Taubert, Weimar. Der Besuch war natürlich nicht öffentlich. Bürgermeister Rudolf Heller durfte auch nicht die Ortsgruppe des Kulturbundes und den Museumsbeirat informieren. Erich Taubert brachte als Gastgeschenk sein Buch über die UNO-Charta für das Stadtoberhaupt mit. F. BRAUEN ergänzte später mit gleichfalls eigenen Ausarbeitungen, der Kopie einer Druckschrift (163), einem Manuskript (164) und einer Rezension des Buches von GODWIN (112). Sein Brief vom 1.9.1984 kam dann allerdings und bezeichnenderweise nie beim Bürgermeister in Geisa an.

Nach der Vereinigung der beiden deutschen Teilstaaten waren neue, vielfältige Möglichkeiten des Informationsaustausches und der Publikation gegeben. So entstanden auf Initiative des am 11. März 1990 nach langem Verbot wiedergegründeten Rhönklub-Zweigvereins im Frühjahr 1992 der „Stadtführer Geisa" (165) und im Sommer des gleichen Jahres die Festschrift „Geisa 1175 Jahre" (1). In beiden Druckwerken ist Athanasius Kircher eingehend gewürdigt. Auch im Festzug zur 1175-Jahrfeier (166) am 13. September durfte Geisas großer Sohn nicht fehlen. Dr. HEIN hielt im voll besetzten Athanasius-Kircher-Haus einen Vortrag über den großen Gelehrten.

Im Jahre 1993 konnte nach umfangreichen Renovierungsarbeiten und aus Anlass der 117. Rhönklub-Hauptversammlung am 19. Juni das Heimatmuseum im ehemaligen Amtsgerichtsgebäude wieder eröffnet werden[15].)Auch die Kircher-Abteilung war - in einem gesonderten Raum - neu gestaltet und wurde in den Folgejahren durch Sekundärliteratur noch ständig erweitert.

Am 12. Mai 2000 konnte der Rhönklub-Zweigverein den von ihm neu eingerichteten „Historischen Lehrpfad Geisa-Rockenstuhl" der Öffentlichkeit übergeben. Die Route führt auch am Athanasius-Kircher-Denkmal vorbei (Tafelstandort 2), und im Begleitheft (167) ist der Gelehrte besonders dargestellt.

Nun stehen mit dem Jahr 2002 die Jubiläums-Festtage an, die im Rahmen des Stadtfestes ganz dem großen Wissenschaftler gewidmet sind. Im Dezember vergangenen Jahres hatte bereits der Lions-Club der Partnerstadt Hünfeld[16]eine gelungene Veranstaltung zum Thema „Athanasius Kircher". Es gab einen sehr lebendigen und fundierten Vortrag des Hünfelders Berthold Zwergel.

Vom 2. bis 5. Mai wird nun Geisa zum Jubiläum des 400. Geburtstages des Gelehrten ein reichhaltiges Programm bieten. Möge es ein würdiger Beitrag werden zu der hochverdienten Ehrung des größten Sohnes der Stadt. Möge auch jenseits unsachlicher Kritik die hohe Wertschätzung für diesen Genius aus unserer Rhönheimat eine feste Größe bleiben.

Anmerkungen zum 4. Kapitel

[1] Nach (13) wusste der Fuldaer Geschichtsschreiber Schannat zu berichten, dass Kircher gesagt haben
   soll, er stamme aus einem „erleuchteten Hause".
[2] Es gab in der Pfarrkirche also offenbar eine Familiengruft. Der Friedhof war mit dem Bau der
   Stadtpfarrkirche (1489-1504) vom Kirchhof auf den Gangolfiberg verlegt worden.
[3] S. auch die Angaben im Kapitel „Athanasius Kircher - Stationen seines Lebens".
[4] Nach RICHTER (8) ist die Angabe von SENG (7) falsch: Anstelle von „Hans Streben" muss es richtig
   heißen „Hans Starck(en)".
[5] Frater Ambrosius Landuccius war Mitglied des Ordens der Eremiten vom hl. Augustinus und als
   Thesaurarius Martyrorum für diese Reliquien zuständig.
[6] Es waren dies: Dr. Johannes Laymann, Administrator und Generalvikar in Fulda, Probst in Rasdorf;
   Christian Steinhübel, Pfarrer in Fulda und Dechant der Kollegiatskirche St. Bonifatius ebenda;
   Johannes Wilhelm Schultheis, Großkaplan und Dechant in Rasdorf; Pater Romanus Bigge, Ordensmann
   des hl. Benedikt und Superior des Benediktinerklosters.
[7] In der hierzu verfassten 7-seitigen Pergament-Urkunde, die im Archiv der Stadt Geisa aufbewahrt wird,
   gibt o.g. Notar eine ausführliche Beschreibung des Zeremoniells.
[8] Agapitus (Teil der Armspeiche), Severinus (Teil des Schienbeins), Hermetes (Teil der Schulter),
   Honorius (s. Hermetes), Pontia (Teil des Schienbeines), Ämilianus (Teil der Armspeiche), Markus
   Aurelius (Gelenkknöchel), Marzellus (Gelenkende), Viktor (Teil der Armspeiche), Vinzentius (Teil einer
   Rippe und Teil eines Arms), Livia (Teil des Schädels), Antimus (Teil des Schienbeines), Urban (Teil des
   unteren Kinnbackens) und Agapitus (bei Letzterem lag wahrscheinlich ein Schreibfehler im Zeugnisbrief
   vor; s. dazu die Urkunde des Notars Johannes Peter Rabich).
[9] Der Altar der Bergkapelle soll aus Resten eines 14-Nothelfer-Altars zusammengesetzt sein, der aus dem
   Jahre 1520 stammt (1). Die Figuren sind Nachbildungen. Die Originale befinden sich aus
   Sicherheitsgründen in der Stadtpfarrkirche. Ein Bildstock aus Gusseisen (!) mit den 14 Nothelfern
   steht des Weiteren außen vor der Südwand der Kapelle.
[10] Bürgermeister Franz Brehler war zudem anlässlich einer erbetenen Audienz beim Bischof in Fulda die
   Vergrößerung der Pfarrkirche zu Ehren Kirchers vorgeschlagen worden, „wofür man auch eintreten
   werde". Doch fand dieser Gedanke in Geisa - nicht zuletzt aus technischen Gründen - keine Befürworter.
[11] Eduard Breitung war von 1869-1872 in Geisa Frühmesser.
[12] 4 Kupferstiche und 2 Holzschnitte zur Person des Gelehrten werden heute noch im Dresdner
   Kupferstichkabinett aufbewahrt.
[13] Diesem Stich diente nach (10) ein älterer von Cornelius Bloemaert aus dem Jahre 1655 als Vorlage; er
   zeigt also in Wirklichkeit Kircher im Alter von 53 Jahren. „Kircher stellte den im Jahre 1655 hergestellten
   Stich dem Janssonius-Verlag zur Verfügung, der das Portrait neu stechen ließ und erstmals 1664 im
   ‚Mundus subterraneus‘ veröffentlichte".
[14] Das Gemälde befindet sich jetzt im Orbansaal des Stadtmuseums Ingolstadt. Es wurde vermutlich von
   dem Maler Christoph Thomas Scheffler, zusammen mit den Portraits von 3 weiteren, um die Astronomie
   besonders verdienten Jesuiten (Christoph Scheiner, Johann Baptist Cysat und Christoph Clarius), nach
   1732 geschaffen.
[15] Die Betreuung erfolgt durch einen Museumsbeirat. Dieser besteht z.Zt. aus 5 Personen, deren 4
   gleichzeitig Mitglieder des örtl. Rhönklub-Zweigvereins sind.
[16] In der Partnerstadt Hünfeld gibt es ebenfalls eine Athanasius-Kircher-Straße. Eine solche befindet
   sich übrigens auch in Rom und in Siggiewi auf Malta.

Literaturverzeichnis

(1) Festschrift „Geisa 1175 Jahre"; Fulda 1992.

(2) Großes vollständiges Universal-Lexikon, 15. Bd; Halle/Leipzig 1737. Verlegt von Johann Heinrich Zedler.

(3) Jocher: Allgemeines Gelehrten-Lexikon; 1750.

(4) Behlau, A.: Athanasius Kircher - eine Lebensskizze; Heiligenstadt 1874 (in: „Programm des königlichen Gymnasiums zu Heiligenstadt für das Schuljahr 1873-74").

(5) Brischar, K.: P. Athanasius Kircher - ein Lebensbild; Würzburg 1877.

(6) Vaterländisches Lesebuch für katholische Schulen (3. Teil, für die Oberstufe); Weimar 1884.

(7) Seng, N.: Selbstbiographie des Pater Athanasius Kircher aus der Gesellschaft Jesu, Übersetzung nebst Erläuterungen; Fulda 1901.

(8) Richter, G.: Athanasius Kircher und seine Vaterstadt Geisa (in: „Fuldaer Geschichtsblätter", XX. Jahrgang, Nr. 4); Fulda 1927.

(9) Koch : Jesuiten-Lexikon; Paderborn 1934.

(10) Ausstellungskatalog der Stadt Rastatt: Universale Bildung im Barock - der Gelehrte Athanasius Kircher; Karlsruhe 1981.

(11) Brockhaus Enzyklopädie, 19. Aufl.; Mannheim 1986-94.

(12) Heller, D.: Aus den Pfarreien des Fürstbistums Fulda, 3. Heft; Fulda 1957.

(13) Fletcher, J.: Fulda und der römische Phönix (in: „Fuldaer Geschichtsblätter", Jahrgang 43); Fulda 1967.

(14) Sticker, G.: Die Entwicklung der medizinischen Fakultät an der Universität Würzburg (in: „Festschrift zum 46. deutschen Ärztetag vom 6. - 10. Sept. 1927"); Würzburg 1927.

(15) Hauschild, R.: Die erste Publikation der indischen Nagari-Schriftzeichen in Europa durch Athanasius Kircher und Heinrich Roth (in: „Wissenschaftliche Zeitschrift der Friedrich-Schiller-Universität Jena", 1955/56, H. 4/5); Jena 1955.

(16) Fletcher, J.: Drei unbekannte Briefe Athanasius Kirchers an Fürstabt Joachim von Gravenegg (in: „Fuldaer Geschichtsblätter", Jahrgang 58); Fulda 1982.

(17) De Backer, Augustin et Alois: Bibliotheque des ecrivains de la Compagnie de Jesus, T. I, S. 422 - 433 und T. IV, S. 1046 - 1077; Paris/Lyon 1853 bzw. 1872.

(18) Noack, Fr.: Das Deutschtum in Rom seit dem Ausgang des Mittelalters, Bd. 1 und 2; Berlin/Leipzig 1921.

(19) Gatz, E.: Die Bischöfe des Heiligen Römischen Reiches 1648-1803. Ein biographisches Lexikon; Berlin 1990.

(20) Hein, O., Mader, R.: Studia Kircheriana, Bd. VII - Athanasius Kircher in Malta ; Berlin 1997.

(21) Akten des Staatsarchivs Weimar.

(22) Leinweber, J.: Die Fuldaer Äbte und Bischöfe; Fulda 1989.

(23) Rainer, J.: Die Jesuiten in Fulda (in: „Fuldaer Geschichtsblätter", Jahrgang 70/1994); Fulda 1994.

(24) Lo Sardo, E.: Il Museo del Mondo; Rom 2001.

(25) Kaul, O.: Athanasius Kircher als Musikgelehrter (in: „Aus der Vergangenheit der Universität Würzburg"); Würzburg 1932.

(26) Menken, J.B.: De Charlataneria ..., 4. Ausg.; Amsterdam 1727.

(27) Grohmann, J.G.: Neues historisch-biographisches Handwörterbuch ...; Leipzig 1798.

(28) Wachtler, L.: Geschichte der historischen Forschung und Kunst seit der Wiederherstellung der literar. Kultur in Europa, 1. Bd. , 2. Abth.; Göttingen 1813.

(29) Allgemeine deutsche Biographie, 16. Bd., S.1-4 (Autor A. Erman) ; Leipzig 1882.

(30) Meyers neues Lexikon ; Leipzig 1961-64.

(31) Brockhaus Conversations-Lexikon ; Leipzig 1885.

(32) Brockhaus 1931.

(33) Bolschaja sowjetskaja Enziklopädia, 21. Bd. 1953.

(34) Michaud: Biographie Universelle, Bd. 21 ; Paris/Leipzig.

(35) Hoefer: Nouvelle Biographie Generale; Paris 1881.

(36) Rosenkranz, G. J.: Aus dem Leben des Jesuiten Athanasius Kircher (in: „Zeitschrift für vaterländische Geschichte und Alterthumskunde Westfalens" 13 (1852), S. 11-58).

(37) Sapper, K.: Athanasius Kircher als Geograph (in: „Aus der Vergangenheit der Universität Würzburg"); Würzburg 1932.

(38) Kaul, O.: Athanasius Kircher als Musikgelehrter (in: „Aus der Vergangenheit der Universität Würzburg"); Würzburg 1932.

(39) Fletcher, J.: Athanasius Kircher und seine Beziehungen zum gelehrten Europa seiner Zeit (in: „Wolfenbütteler Arbeiten zur Barockforschung", Band 17); Wiesbaden 1988.

(40) Mölter, M.: Athanasius Kircher. Dem Rhöner Universalgelehrten zum 300. Todestag (in: „Rhönwacht", Heft 4/1980); Fulda 1980.

(41) Mölter, M.: Berühmte Rhöner - 18. Kulturtagung in Unterbernhards (in: „Rhönwacht", Heft 2/1982); Fulda 1982.

(42) Stolzenberg, D.: The Great Art of Knowing - The Baroque Encyclopedia of Athanasius Kircher; Stanford University 2001.

(43) Eco, U.: Il pendolo di Foucault; Mailand 1988 bzw. Das Foucaultsche Pendel; München/Wien 1989.

(44) Künzel, W. und Bexte, P.: Allwissen und Absturz - Der Ursprung des Computers ; Frankfurt am Main/Leipzig 1993.

(45) Jäger, B.: Zur Geschichte der Hexenprozesse im Stift Fulda (in: „Fuldaer Geschichtsblätter" 73/1997); Fulda 1997.

(46) Perty, M.: Die sichtbare und die unsichtbare Welt, Diesseits und Jenseits; Leipzig/Heidelberg 1881.

(47) Wilsmann, A.Ch.: Die zersägte Jungfrau; Berlin 1938.

(48) Oppenheim, S.: Das astronomische Weltbild im Wandel der Zeit; Leipzig 1906.

(49) Werner, K.: Geschichte der katholischen Theologie, Bd. IV; München 1866.

(50) Lanczkowski, J.: Lexikon des Mönchtums und der Orden; Wiesbaden 2001.

(51) Kircher, A.: Arithmologia ...; Rom 1665.

(52) Sturm, A.: Geschichte der Mathematik bis zum Ausgang des 18. Jahrhunderts;

Berlin/Leipzig 1917.

(53) Kircher, A.: Magnes ...; Rom 1654.

(54) Kircher, A.: Mundus subterraneus ...; Amsterdam 1678.

(55) Kircher, A.: Musurgia universalis ...; Rom 1650.

(56) Kircher, A.: Ars magna lucis ...; Amsterdam 1646.

(57) Cantor, M.: Vorlesungen über Geschichte der Mathematik, 2. Bd.; Leipzig 1892.

(58) Schott, C.: Pantometrum Kircherianum ...; Würzburg 1660.

(59) Hergenröther/Kaulen: Kirchenlexikon oder Encyklopädie der katholischen Theologie und ihrer Hilfswissenschaften, 7. Bd.; Freiburg im Breisgau 1891.

(60) Daxecker, F.: Der Jesuit Athanasius Kircher und sein Organum mathematicum (in: „Gesnerus", Vol. 57/2000); Basel 2000.

(61) Kircher, A.: Tariffa Kircheriana ...; Rom 1679.

(62) Poggendorf, J, C,: Vorlesungen (zur Geschichte der Physik), gehalten an der Universität zu Berlin; Leipzig 1879.

(63) Gerland, E.: Geschichte der Physik von den älteren Zeiten bis zum Ausgang des 18. Jahrhunderts; München/Berlin 1913.

(64) Kistner, A.: Geschichte der Physik; Leipzig 1906.

(65) Kircher, A.: Magneticum naturae regnum ...; Rom 1667.

(66) Kestler, J. S.: Physiologia Kircheriana experimentalis ...; Amsterdam 1680.

(67) Kircher, A.: Phonurgia nova ...; Kempten 1673.

(68) Carione, A.: Neue Hall- und Tonkunst; Nördlingen 1684.

(69) Fischer, J. C.: Geschichte der Künste und Wissenschaften seit der Wiederherstellung derselben bis an das Ende des 18. Jh., von einer Gesellschaft gelehrter Männer ausgearbeitet (in: „Geschichte der Naturwissenschaften", 8. Abt, I. „Geschichte der Naturlehre"); Göttingen 1801.

(70) Notgeldscheine der Stadt Geisa; Lindenberg/Allgäu 1921.

(71) Baier, W.: Quellendarstellung zur Geschichte der Fotografie; Halle 1964.

(72) Kircher, A.: Ars magna lucis ...; Amsterdam 1671.

(73) Leidenfrost, K. F.: Historisch-biologisches Handwörterbuch; Ilmenau 1825.

(74) Onneken, J.: Farbenlehre/Geschichte, www.farben-welten.de

(75) ZDF-Sendung 22.01.2002: Fata Morgana-Naturwunder und Zauberspruch. Ein historisches Experiment.

(76) Gerding, Th.: Geschichte der Chemie; Leipzig 1867.

(77) Dannemann, F.: Die Naturwissenschaften in ihrer Entwicklung und in ihrem Zusammenhange, Bd. I. u. II; Leipzig 1910.

(78) Humboldt, A. v.: Kosmos, Bd. 3 und 4; Stuttgart 1884.

(79) Günter, S.: Geschichte der Naturwissenschaften, 2. Bd.; Leipzig 1909.

(80) Kircher, A.: Iter extaticum ...; Rom 1657.

(81) Kircher, A.: Itinerarium exstaticum ...; Rom 1656.

(82) Schott, C.: Iter extaticum coeleste ...; Würzburg 1660.

(83) Peschel, O.: Geschichte der Erdkunde; München 1865.

(84) Francisci, E.: Der Höllische Proteus ...; Nürnberg 1725.

(85) Kircher, A.: Obeliscus Pamphilius ...; Rom 1650.

(86) Kraemer, H.: Weltall und Menschheit, Bd. I, IV und V; Berlin/Leipzig.

(87) Kircher, A.: China monumentis ... illustrata ...; Amsterdam 1667.

(88) Hein, O., Mader, R.: Kircher, Athanasius S. J./China Illustrata und Mundus subterraneus; München 1990.

(89) Schönewald, B., Haub, R. u. a.:Sammelblatt des Historischen Vereins Ingolstadt, 109. Jahrgang 2000 und Prospekt zu Christoph Schreiner S. J.

(90) Daxecker, F.: Briefe des Christoph Scheiner S.J.; Innsbruck 1995.

(91) Wolf, R.: Geschichte der Astronomie; München 1877.

(92) Faulmann, K.: Im Reiche des Geistes - Illustrierte Geschichte der Wissenschaften; Wien/Pest/Leipzig 1894.

(93) Harig, G.: Die Tat des Kopernikus (Die Wandlung des astronomischen Weltbildes im 16. Jahrhundert); Leipzig/Jena/Berlin 1965.

(94) Kircher, A.: Arca Noë ...; Amsterdam 1675.

(95) Gessmann, G.W.: Die Pflanze im Zauberglauben; Wien/Pest/Leipzig um 1900.

(96) Eberhard, J.P.: Abhandlungen vom physikalischen Aberglauben und von der Magie; Halle 1778.

(97) Carus, J.V.: Geschichte der Zoologie; München 1872.

(98) Paulus, K.: Die Geschichte der Mikroskopie, www.ngib.ch; 2000.

(99) Kestner, Ch. W.: Medicinisches Gelehrten-Lexikon; 1740.

(100) Kaiser, W.: Athanasius Kircher (1602-1680) und die medizinisch-naturwissenschaftlichen Konzeptionen seiner Zeit (in: „Zeitschrift für die gesamte Innere Medizin und ihre Grenzgebiete", Jahrgang 36, Heft 14); Leipzig 1981.

(101) Zetkin, M.: Wörterbuch der Medizin; Leipzig 1958.

(102) Lübben, K.H.: Beiträge zur Kenntnis der Rhön in medizinischer Hinsicht; Weimar 1881.

(103) Grober, J.: Die Entdeckung der Krankheitserreger; Leipzig 1912.

(104) Kircher, A.: Scrutinium physico-medicum...quae pestis ... ; Leipzig 1659.

(105) Diepgen, P.: Geschichte der Medizin, I. Band; Berlin 1949.

(106) Musehold, P.: Die Pest und ihre Bekämpfung; Berlin 1901.

(107) Hagen, B. v.: Die Pest im Altertum; Jena 1939.

(108) Kaiser, W.: Athanasius Kircher (1602-1680) und der Polyhistorismus des 17. Jahrhunderts (in: „Eichsfelder Heimathefte", 22. Jahrgang, Heft 4); Worbis 1982.

(109) Martin, F.: Naturgeschichte; Stuttgart.

(110) Schwabe, Ch.: Musik heilt Neurosen (in „Urania", H.11/1965); Leipzig/ Jena/Berlin 1965.

(111) Burckhard, J.: Historiae Bibliothecae Augustae quae Wolffenbutteli ..., Pars II, Caput III; Leipzig 1746.

(112) Godwin, J.: Athanasius Kircher - Ein Mann der Renaissance und die Suche nach verlorenem Wissen; Berlin 1994 (Übersetzung aus „A.K. - A Renaissance Man and the Quest for Lost Knowledge"; London 1979).

(113) Goldhan, W.: Kircher, musurgia universalis; Leipzig 1988 (Reprint der Originalausgabe der 1662 von A. Hirsch ins Deutsche übersetzten „Musurgia universalis ..."von A. Kircher, Band I in der Reihe „Bibliotheca musica - therapeutica").

(114) Scharlau, U.: Athanasius Kircher (1601 - 1680) als Musikschriftsteller - Ein Beitrag zur Musikanschauung des Barock (in: „Studien zur hessischen Musikgeschichte", Bd. 2); Marburg 1969.

(115) Kircher, A.: Turris Babel ...; Amsterdam 1679.

(116) Benfey, Th.: Geschichte der Sprachwissenschaften und der orientalischen Philologie in Deutschland; München 1869.

(117) Kircher, A.: Polygraphia ...; Rom 1663.

(118) Kircher, A.: Prodromus coptus ...; Rom 1636.

(119) Uhlemann, M.: Handbuch der gesamten ägyptischen Alterstumskunde (1.Theil: Geschichte der Aegyptologie); Leipzig 1957.

(120) Kircher, A.: Oedipus aegyptiacus ...; Rom 1652-54.

(121) Kircher, A. Sphinx mystagoga ...; Amsterdam 1676.

(122) Kircher, A. Latium ...; Amsterdam 1671.

(123) Bursian, C.: Geschichte der classischen Philologie in Deutschland von den Anfängen bis zur Gegenwart; München/Leipzig 1883.

(124) Kircher, A.: Historia Eustachio-Mariana ...; Rom 1665.

(125) Schmidt, P.-H.: Alles war ein Geschenk von Dir, o gute Mutter (in: „Maria heute", Nr. 368/2001); Hauteville (Schweiz) 2001.

(126) Lucas, D.: Hier ruht Athanasius Kirchers Herz (in: „Fuldaer Buchenblätter", 23.09.1976); Fulda 1976.

(127) Leinkauf, Th.: Mundus combinatus - Studien zur Struktur der barocken Universalwissenschaft am Beispiel Athanasius Kircher S.J. (1602 - 1680); Berlin 1993.

(128) Grafton, A.: Archäopterix der Wissenschaft - Thomas Leinkauf rettet überzeugend die Ehre des späten Universalgelehrten Athanasius Kircher (in: „Frankfurter Allgemeine Zeitung" vom 18. August 1994, Nr. 191); Frankfurt/Main 1994.

(129) Kircher, A.: Ars magna sciendi ...; Amsterdam 1669.

(130) Mayer-Deutsch, A.: Vorarbeiten zur Dissertation „Zum Umgang mit Sammlungsobjekten im 17. Jh. am Beispiel des MUSAEUM KIRCHERIANUM"; Berlin 2002.

(131) Müller, I.: Handbuch der klassischen Altertumswissenschaft (6. Bd.: Archäologie der Kunst, von K. Sittl); München 1895.

(132) Reisch, E.: Führer durch die öffentlichen Sammlungen klassischer Altertümer in Rom (2. Bd.: Museo Kircheriano, S. 366-395).

(133) Schramm, A.: Pantheon, Internationales Adressbuch der Kunst- und Antiquitätensammler; Esslingen 1926.

(134) Hein, O.: Die wissenschaftliche Literatur über das Museum Kircherianum in Rom (in: „Archiv der Geschichte der Naturwissenschaften" 14/15); Wien 1985.

(135) Bonanni, Ph.: Musaeum Kircherianum; Rom 1709.

(136) Ambrogi, A. M. und Contucci, C.: Musei Kirkeriani; Rom 1763-1765.

(137) Polaczek, D.: Wo man hintritt, spuckt´s und speit´s (in: „Frankfurter Allgemeine Zeitung", April 2001); Frankfurt/Main 2001.

(138) Götz, Th.: Die extreme Neugier des Athanasius Kircher ; www.berliononline.de.

(139) Fehr, M.: Mdl. Informationen zum „Museum der Museen", Hagen 2002.

(140) Biographisch-Bibliographisches Kirchenlexikon Bd. III (1992) (darin: Hans-Josef Olszewsky über KIRCHER, Athanasius); www.bautz.de

(141) Zürrlein, R.: Bedeutende Männer des Grabfeldes - Caspar Schott (1608 - 1666)

(in: Rhönwacht 2/1968); Fulda 1968.

(142) Etzel, St.: Athanasius Kircher 1602 - 1680 - Ein barocker Universalgelehrter aus der Rhön; www.stefan-etzel.de .

(143) Castella, G.: Illustrierte Papstgeschichte, Bd. II - von der Wiedererneuerung der katholischen Kirche bis Leo XIII.; Frechen 2000.

(144) Loth: Die Erfurter Verordnungen gegen die Pest, die ungarische Krankheit und die rothe Ruhr im 16. und 17. Jahrhundert; Erfurt (?), um 1900.

(145) Möller, H. J.: Was macht die Musik mit den Lebensgeistern (in: Zeitschrift „Musik und Medizin" 3/76); München 1976.

(146) Komp, G. I.: Die zweite Schule Fulda´s und das päpstliche Seminar; Fulda 1877.

(147) Schwab, M.: Vonderau Museum Fulda (in der Reihe: „Dokumentationen zur Stadtgeschichte" Nr. 16); (Artikel Kirchoff, W.: Das ehemalige päpstliche Seminar der Jesuiten); Fulda 1994.

(148) Akten des Pfarrarchivs Geisa.

(149) Schröter, A.: Das Reliquiengeschenk Athanasius Kirchers an seine Heimatpfarrei Geisa (in: „Buchenblätter" 57/1984 Nr. 1 und Nr. 2): Fulda 1984.

(150) Akten des Stadtarchivs Geisa.

(151) Arnd, F. A.: Kircher, Athanasius - Lebenslauf ... mit einem Anhang zur Überführung der Reliquien nach Geisa; handschriftlich 1766.

(152) Richter, G.: Ueber den Empfang der von Athanasius Kircher aus Rom gesandten Reliquien in Geisa (1665) (in: „Fuldaer Geschichtsblätter" 1927); Fulda 1927.

(153) Hollenbach-Dobbertin, E.: Geisa ehrte seinen großen Sohn (in: „Buchenblätter" Nr. 6/1975), Fulda 1975.

(154) Singer, H. W.: Allgemeiner Bildniskatalog, Bd. VII; Leipzig 1932.

(155) Kupferstichkabinett Dresden, Briefwechsel 1965.

(156) Kiel, A. J.: China illustrata. Ein Werk des P. Athanasius Kircher aus dem Jahre 1667 (in: „Fuldaer Geschichtsblätter", III. Jahrgang Nr. 3, März 1904); Fulda 1904.

(157) Fuldaer Zeitung Nr. 278/1930: Aus der Thüringischen Rhön. Aus Geisa und Umgebung. Die Athanasius Kircher- Feier in Geisa. Dienstag, 2. Dez. 1930.

(158) Thüringer Volkswacht Nr. 280/1930: P. Athanasius Kircher S. J. 250 Jahre tot. Gedächtnisfeier in seiner Vaterstadt Geisa/Rhön). Mittwoch, 3. Dez.1930.

(159) Thüringer Tageblatt: Festtag für die Katholiken in Geisa. Vor 300 Jahren erhielt die Gangolfikapelle Reliquien aus Rom; 30. Sept. 1965.

(160) Festschrift „Geisa 1150 Jahre"; Bad Salzungen/Eisenach 1967.

(161) Begleitheft „Historischer Festzug - Geisa im Wandel der Zeiten 817 - 1967"; Geisa 1967.

(162) Festschrift „1150 Jahre Stadt Geisa"; Fulda 1967.

(163) Brauen, F.: Athanasius Kircher (1602-1680), (in: „Journal of the History of Ideas" Nr. 1/1982); New York 1982.

(164) Brauen, F.: Athanasius Kircher: Notes on a man of God, a man of destiny (Manuskript 1982).

(165) Stadtführer Geisa; Fulda 1992.

(166) Historischer Festumzug „Geisa im Wandel der Zeiten von 817 bis 1992", Geisa 1992.

(167) Begleitheft „Historischer Lehrpfad Geisa - Rockenstuhl", Geisa 2000.

(168) Hein, O.: Die Drucker und Verleger der Werke des Polyhistors Athanasius Kircher S. J., Bd. I; Köln, Weimar, Wien 1993.

(169) Pannke, P.: Itinerarium Kircherianum. CD aus dem Ars Acustica Wettbewerb. Produktion: WDR Studio Akustische Kunst 2000.

(170) Ritz, W.: Athanasius Kircher (Manuskript der Arbeitsgemeinschaft „Heimatforschung" Geisa); Geisa 1965.

(171) Unverzagt, D.: Philosophia, Historia, Technica - Caspar Schotts „Magia universalis" (dissertation.de2000); Berlin 2000.

(172) Schriftliche Mitteilung von Oberarchivrat Dr. Dobras, Stadtarchiv Mainz; Mainz, 16. 4. 2002.

Bildnachweis

(Seitenangabe; /1 = oben, /2 = unten)

Archiv der Stadt Geisa:	16/2, 27/1, 27/2, 33/1, 33/2, 38, 39/1, 39/2, 51, 56, 58, 60, 65/1, 69/2
Manfred Dittmar, Geisa:	109/2
Dr. Leonhard Faber, Hünfeld:	11
Achim Gran, Heiligenstadt:	13/2
Erich Gutberlet, Großenlüder:	13/1, 90
Alexander Henning, Geisa:	70/1
Irmtraud Henning, Geisa:	10/1 (Zeichnung)
Dieter Möller, Bestensee:	2, 40, 106, 107
Gustav Möller†, Geisa:	97, 98, 99, 100, 101, 102/1, 103/1, 104/1, 108/1
Ilka Ritz, Geisa:	16/1, 71/1, 71/2, 73
Wilhelm Ritz, Geisa:	10/2, 23/1, 23/2, 93, 102/2, 103/2, 104/2, 108/2, 109/1
Bernhard Schmelz, Geisa:	69/1, 70/2
Stadtmuseum Ingolstadt:	Titelbild, 3
Hellmuth Wagner, Geisa:	31/1, 31/2, 43/1, 43/2, 44/1, 44/2, 45/1, 45/2, 46/1, 46/2, 49, 50, 52, 53, 65/2, 66, 67, 72, 74, 75, 85, 86, 88

Die gedruckten Werke Kirchers

(Nach (10) und (168). Siehe auch weitere Angaben in (17) und (24).)

1. „Ars magnesia ...“; Würzburg 1631.
2. „Primitiae gnomicae catoptricae ...“; Avignon 1635.
3. „Prodromus coptus sive aegyptiacus ...“; Rom 1636 (2x).
4. „Specula Melitensis encyclica ...“; Neapel 1638.
   (Nachdruck mit geringfügigen Änderungen in „Technica curiosa ...“, Seiten 423-477, von Caspar Schott; Nürnberg 1664. Ein angeblich zu Messina 1637 erschienener Druck ist offenbar nicht realisiert worden (20).)
5. „Magnes sive de arte magnetica ...“[2]; Rom 1641, 1654, Köln 1643.
6. „Lingua aegyptica restituta ...“; Rom 1643.
7. „Ars magna lucis et umbrae ...“[2]; Rom 1646, Amsterdam 1671.
8. „Musurgia universalis sive ars magna consoni et dissoni ...“; Rom 1650.
   (Übersetzung dtsch. von Andreas Hirsch: „Philosophischer Extract und Auszug aus deß Welt-berühmten Teutschen Jesuitens Athanasii Kircheri von Fulda Musurgia universali ...“; Schwäbisch-Hall 1662.)
9. „Obeliscus Pamphilius ...“; Rom 1650[1].
10. „Oedipus aegyptiacus ...“ (3 Bände, 2. Band 2 Teile); Rom 1652 - 1654.
11. „Itinerarium exstaticum ...“ (coeleste); Rom 1656[1].
    (Weitere Herausgabe von Caspar Schott: R. P. Athanisii Kircheri e Societate Jesu „Iter extaticum coeleste...“; Würzburg 1660.
    Nachdruck: „Iter exstaticum coeleste ...“; Würzburg 1671.)
12. „Iter extaticum II ...“ (terrestre); Rom 1657.
13. „Scrutinium physico-medicum contagiosae luis, quae pestis dicitur ...“; Rom 1658, 1668, Leipzig 1659, 1671, Graz 1750.
    (Übersetzung dtsch.: „Natürliche und medicinalische Durchgründung der laidigen ansteckenden Sucht und so genanter Pestilenz ...“; Augsburg 1680.)
14. „Diatribe de prodigiosis crucibus ...“; Rom 1661.
    (Nachdruck in „Joco-seriorum naturae et artis, sive, Magiae naturalis centuriae tres ...accessit Diattibe (sic!) de prodigiosis crucibus Athanasii Kircheri“ von Caspar Schott; Würzburg 1666.)
15. „Polygraphia nova et universalis ...“; Rom 1663.
16. „Mundus subterraneus ...“[2]; Amsterdam 1665, 1668, 1678, Graz 1739, 1741 (Teilausgaben).
    (Übersetzung ndl: „d`onder-aardse Weereld ...“; Amsterdam 1682.)
17. „Historia Eustachio-Mariana ...“; Rom 1665.
18. „Arithmologia sive de abditis numerorum mysteriis ...“; Rom 1665.
19. „Iter cometae ...“; Rom 1665 (Einblattdruck).
20. „Obelisci aegyptiaci ... interpretatio hieroglyphica ...“; Rom 1666.
21. „China monumentis ... illustrata ...“; Amsterdam 1667 (2x), 1 x davon Raubdruck[1], Berlin 1672, 1674 (Teilausgaben).
    (Übersetzung ndl.: „Tooneel van China ...“; Amsterdam 1668. Übersetzung frz.: „La chine ... illustrée ...“ (mit chinesisch-französischem Wörterbuch als Anhang)[2].

Amsterdam 1670. Übersetzung von Teilausgabe engl. in Ogilby, J.: „An Embassy from the East India Company ...", S. 319 - 431; London 1669 - 1673.)
22. „Magneticum naturae regnum ..."; Rom 1667, Amsterdam 1667.
23. „Ars magna sciendi ..."; Amsterdam 1669.
24. „Latium id est noya et parallela Latii tum veteris tum novi descriptio ...";
    Amsterdam 1671 .
25. „Principis christiani archetypon ..."; Amsterdam 1672.
26. „Phonurgia nova ..."; Kempten 1673.
    (Übersetzung dtsch. von Agatho Carione: „Neue Hall- und Tonkunst ...";
    Nördlingen/Ellwangen 1684.) ¹⁾
27. „Arca Noë ..."; Amsterdam 1675 .
28. „Sphinx mystagoga, sive diatribe hieroglyphica ..."; Amsterdam 1676 ¹⁾.
29. „Musaeum Celeberrimum ..."; Amsterdam 1678.
    (Schrift des Collegium Romanum, die Athanasius Kircher gemeinsam mit Georgius
    de Sepibus verfasste.) ¹⁾
30. „Turris Babel sive archontologia ..."; Amsterdam 1679 ¹⁾.
31. „Tariffa Kircheriana ..." I und II (2 Bände); Rom 1679.
32. „Vita (a semet ipso conscripta)", erschienen in dem von Hieronymus Ambrosius
    Langenmantel herausgegebenen „Fasciculus epistolarum P. Athanasii Kircheri"
    mit dem Spezialtitel „Vita admodum reverendi P. Athanasii Kircheri S.J. viri toto
    orbe celebratissimi" (78 S.); Augsburg 1684.

Das von Athanasius Kircher in seinem Werk „Mundus subterraneus ..." erwähnte Buch „Iter Hetruscum", als Reiseführer durch die Toscana 1659 konzipiert, ist offenbar doch nicht gedruckt worden (20). Auch das Manuskript ist nicht auffindbar. Weitere 3 Texte sind ebenfalls verschollen. Dagegen sind noch etwa 10 Manuskripte ethnologischen, philologischen, steganographischen und mathematischen Inhalts vorhanden (168).
Des Weiteren gibt es eine Reihe von Übersetzungen/Übersetzungsvorhaben. Es wird kaum möglich sein, alle offenen Fragen im Zusammenhang mit dem schriftlichen Nachlass von Athanasius Kircher zu klären.
Für die Titel 3., 5., 7., 8., 9., 10., 11., 12., 13., 15., 16. und 23. liegen auch noch die ordensinternen Zensurdokumente vor (168).
Die Titel der ungedruckten, durch die Zensurbehörde begutachteten Manuskripte lauten „Microcosmos - Mathematicus", „Iter Hetruscum" (s.o.) und „Physiognomia Humana".

Es gibt auch noch drei weitere Werke, die Kircher zugeschrieben werden, die aber von anderen Personen veröffentlicht wurden:
33. Schott, C.: „Pantometrum Kircherianum ..."; Würzburg 1660.
34. Schott, C.: „Organum mathematicum ..."; Würzburg 1668.
35. Kestler, J. S.: „Physiologia Kircheriana experimentalis ..."; 1674 (?), Amsterdam 1680 .
(Im Anhang zu seinem Buch „Arca Noë ..." von 1675 gibt Kircher diese 3 Letzteren neben 40 anderen Titeln (also 3 + 40 = 43) als eigene (36 gedruckte und 7 vorbereitete)

Werke an. „Oedipus aegyptiacus ...“ wird dabei als 4 Werke und „ Turris Babel ...“, Liber I, II, III, wird als 2 Werke gezählt. Bei Nr. 35 ist das Erscheinungsjahr 1674 angegeben.)

Anmerkungen
2) Im Besitz der Stadt Geisa (Heimatmuseum).
Ehemals im Besitz der Stadt Geisa. Verschollen!

Geisaer Stadtfest

400. Geburtstag des Universalgelehrten Athanasius Kircher (1602 - 1680)
FESTWOCHE vom 2. bis 5. Mai 2002

Donnerstag, 2. Mai, 20.30 Uhr ab Kulturhaus
Fackelzug zum Denkmal am Gangolfiberg,
anschließend Dämmerschoppen im Schlossgarten

Freitag, 3. Mai, 20.00 Uhr
Geistliches Konzert in der katholischen Kirche

Samstag, 4. Mai
14.00 Uhr Eröffnung Sonderausstellung zu Athanasius
      Kircher im Geisaer Heimatmuseum
15.00 Uhr Kaffee und Kuchen im Athanasius-Kircher-Haus
16.00 Uhr Kirchenführung in der katholischen Kirche
19.30 Uhr Großer Heimatabend in historischer Kulisse im
      Kulturhaus:
      Darstellung von Szenen aus dem Leben von
      Athanasius Kircher

Sonntag, 5. Mai

09.30 Uhr Festgottesdienst, Ausstellung der Reliquien
11.00 Uhr Stadtführung, Treffpunkt Kirche
14.00 Uhr Festvorträge über Athanasius Kircher von
        Referenten aus Deutschland und den USA im
        Kulturhaus, Musik, Kaffee und Kuchen;
        Kulturtagung des Werragaus im Rhönklub

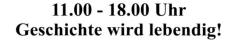

Historischer Markt

11.00 - 18.00 Uhr
Geschichte wird lebendig!

Das Leben im 17. Jahrhundert, Vorstellung alter Handwerks-
tradition, Gewerke und Bräuche von damals! Lagerleben,
Küche am offenen Feuer!
In historischer Kulisse und Kostümen werden angeboten:
Original Rhöner Hausschlachtung am Markt, Schwein am
Spieß, frischgeräucherter Fisch, Hausmacher Wurst, Back-
hausbrot, Honigbier, Blechkuchen und viele leckere Köst-
lichkeiten aus den Zeiten unserer Vorfahren.
Unterhaltung für große und kleine Gäste! Die Stadt freut sich
auf Ihren Besuch!